Hermann Zöllner

Oh, dieses Russisch!

Eine heitere und unterhaltsame Betrachtung
zur russischen Sprache

Band 6 aus der Reihe

Fremdsprech

Oh, dieses Russisch!

 2. Auflage
® FREMDSPRECH ist eine eingetragene Marke für Bücher des Conrad Stein Verlags
Band 6 aus der Reihe "Fremdsprech" ISBN 978-3-86686-906-6
Dieses Buch wurde konzipiert und redaktionell erstellt vom Conrad Stein Verlag GmbH, Postfach 1233, 59512 Welver, Kiefernstr. 6, 59514 Welver,
☏ 02384/963912, FAX 02384/963913, info@conrad-stein-verlag.de,
www.conrad-stein-verlag.de

Unsere Bücher sind überall im wohl sortierten Buchhandel und in cleveren Outdoorshops in Deutschland, Österreich und der Schweiz erhältlich. Auslieferung für den Buchhandel:

D	Prolit, Fernwald und alle Barsortimente
A	freytag & berndt, Wien
CH	AVA-buch 2000, Affoltern und Schweizer Buchzentrum
I	Mappa Mondo, Brendola
BENELUX	Willems Adventure, LT Maasdijk
E	mapiberia f&b, Ávila

Alle Informationen, schriftlich und zeichnerisch, wurden nach bestem Wissen zusammengestellt und überprüft. Sie waren korrekt zum Zeitpunkt der Recherche. Der Verlag ist für Lesertipps und Verbesserungen (besonders als E-Mail) unter Angabe der Auflagen- und Seitennummer dankbar.

Text und Illustrationen: Hermann Zöllner Titelbild: Jan Düsedau
Lektorat: Ulla Ackermann Layout: Manuela Dastig
Gesamtherstellung: AZ Druck u. Datentechnik GmbH, Kempten

Dieses OutdoorHandbuch hat 64 Seiten mit 5 Illustrationen. Es wurde auf chlorfrei gebleichtem Papier gedruckt, in Deutschland klimaneutral hergestellt und transportiert und der größeren Strapazierfähigkeit wegen mit PUR-Kleber gebunden.

Inhalt

Über den Autor

Hermann Zöllner aus Dresden hat zu DDR-Zeiten in der Schule Russisch gelernt. Zahlreiche Reisen nach Russland und seine Frau - eine gebürtige Russin - haben ihn zu diesem Büchlein inspiriert.

Ich danke meiner Frau für manch wertvollen Hinweis sowie für die Geduld beim Korrekturlesen, zudem Mikhail Borowikow und Oleg Skljarow für Anregungen zum Inhalt.

Hermann Zöllner

Einleitung

Der russische Universalgelehrte Lomonosow (1711 - 1756) sagte einmal sinngemäß, dass man mit dem Feind Deutsch sprechen soll, mit Gott Spanisch und mit den Freunden Französisch, während man mit den lieben Frauen am besten Italienisch spräche. Russisch jedoch könne man mit Anstand mit ihnen allen sprechen, da die russische Sprache die markante Härte des Deutschen, die lebhafte Leichtigkeit des Französischen, die volle Pracht des Spanischen und die liebenswürdige Art des Italienischen in sich vereine.

Mit dem Literaten und erstem russischen Chemieprofessor Lomonosow wird häufig der Beginn der russischen Nationalliteratur und Verskunst gleichgesetzt. Lomonosow war der erste Student, der vom zaristischen Russland zum Studium ins Ausland geschickt wurde. Er ging nach Deutschland, wo er von 1736 bis 1741 in Marburg/Lahn und an der Bergakademie Freiberg/Sachsen studierte.

Ein anderer bekannter Schriftsteller, Turgenjew (1818 - 1883), sagte einst: "... man darf nicht annehmen, dass eine solche Sprache nicht auch einem großen Volk gegeben worden ist!" (*... Нельзя верить, чтобы такой язык не был дан великому народу.*)

Sicher sind beide Äußerungen von Russen über ihre eigene Sprache getätigt und sie sind nicht frei von Stolz. Kann man diese Meinungen darauf reduzieren - oder welche Wahrheit steckt in den oben genannten Zitaten tatsächlich? Russisch ist eine Sprache, die sich in den letzten tausend Jahren außerordentlich entwickelte und im 19. Jahrhundert weltbedeutende Literatur und Lyrik hervorgebracht hat. Die Besonderheiten der russischen Sprache und Kultur lassen sich sicher ebenso wenig mit einigen Worten beschreiben wie die russische Natur und die "russische Seele". Das vorliegende kleine Buch soll lediglich einige ausgewählte Besonderheiten der Sprache aufzeigen und versuchen, die Sprache Interessierten näher zu bringen. Diejenigen, die bereits mit der russischen Sprache für einige Zeit in Kontakt gekommen sind, z.B. während einer Reise, werden das Facettenreichtum zumindest in Ansätzen gespürt haben, nicht umsonst gilt Russisch als *богатый язык (reiche Sprache)*.

Ich kam mit Russisch auf intensive Art und Weise ab Beginn der 90er Jahre auf mehreren langen Reisen nach Sibirien in Berührung. Ohne meinen ehemaligen Lehrern (Russisch war damals obligatorisches Fremdsprachenfach in der Schule) zu nahe treten zu wollen, nach 3 Monaten Aufenthalt in Russland hatte ich mir 1993/94 mehr Sprachkenntnisse angeeignet als in 7 Jahren Schulrussischunterricht zusammen. Dass nach der Vereinigung Deutschlands während des Studiums ab 1990 Russisch nicht mehr obligat war und man dann andere Sprachkurse belegen konnte, wurde sicher von vielen nicht als Unglück empfunden. Anderseits: Hätte mir jemand Ende der 80er Jahre prophezeit, dass ich mich später nochmals mit Russisch beschäftigen würde (und noch dazu freiwillig), ich hätte es bestimmt für einen gelungenen Scherz oder eine krankhafte Idee gehalten.

Weltsprache Russisch?

Aufgrund der Anzahl der aktiven Sprecher der russischen Sprache, welche von verschiedenen Autoren zwischen 130 bis 160 Mio. beziffert wird, kann man dem Russischen ohne Weiteres den Status einer Weltsprache unserer Zeit einräumen. Russland ist flächenmäßig etwa so groß wie die USA und Kanada zusammen. Höhere Zahlen, welche sich in älteren Quellen finden lassen, rechneten auch die Russen, die Russisch nur als Zweitsprache sprechen, mit ein. Natürlich ist die englische Sprache mit gut 300 Mio. Muttersprachlern weltweit weiter verbreitet und Französisch, Spanisch sowie Chinesisch liegen ebenfalls im Weltmaßstab zahlenmäßig vor Russisch. In Europa jedenfalls steht die russische Sprache an erster Position. Ob eine Sprache als Weltsprache "gezählt" wird oder nicht, hängt nicht nur mit der Anzahl der Muttersprachler zusammen, es bestehen auch indirekte Zusammenhänge zum Stand der kulturellen Entwicklung des Volkes sowie zum außenpolitischen Ansehen des jeweiligen Staates. Russisch ist eine der anerkannten Sprachen der UNO, gleichfalls hat es die Funktion der Hauptgeschäftssprache in Osteuropa. Trotz des Zusammenbruchs der Sowjetunion ist Russisch nach wie vor in der Mehrzahl der Nachfolgestaaten der UdSSR eine sehr weit verbreitete Sprache, was neben der Geschichte (nach der Bildung der UdSSR wurde Russisch überall in den Republiken als Amtssprache eingeführt und zum Pflichtfach in den Schulen erhoben) auch mit den teils großen russischen Minderheiten in den betreffenden Ländern (z.B. 36 % in Kasachstan, Lettland 32 %, Ukraine 22 % usw.) zusammenhängen mag. Bei mehreren kleinen Völkern des Nordens, wie den im äußersten Nordosten lebenden Tschuktschen, existierte bis zur Einführung der kyrillischen Schrift nach der Revolution (1917) überhaupt keine Schriftsprache, alle Legenden wurden bis dahin mündlich überliefert. Die Werke des tschuktschischen Autors Jurij Rytchëu über die grandiose Natur Sibiriens und das harte Leben im Norden wären ohne Schriftsprache nicht denkbar. Innerhalb des damaligen Riesenreichs werden mehr als 100 verschiedene Sprachen und Dialekte gesprochen. Mit Russisch kommt man allerdings vielerorts weiter. Bemerkenswert fand ich stets die Tatsache, dass die dialektologischen Unterschiede der russischen Sprache zwischen Baltijsk (westlichste Stadt Russlands im Kaliningradskaja Oblast) und Petropavlovsk-Kamchatskij (östlichste Stadt Russlands im Fernen Osten am Pazifik) geringer ausgeprägt sind als z.B. zwischen Sachsen und Bayern, obwohl die Entfernung zwischen den beiden Punkten etwa 11.000 Kilometer misst.

Russisch lernen heißt auch, seinen geistigen Horizont zu erweitern. Ohne Kenntnisse der Sprache ist es schwierig, die "russische Seele" zu verstehen oder mehr als nur ein bruchstückhaft-minimalistisches Verständnis für die russische Kunst, Malerei, Literatur, Musik der Vergangenheit und Gegenwart zu erwerben. Die russische Literatursprache, die Sprache Puschkins, Tolstojs, Dostojewskijs, Tschechows, Bunins, Pasternaks und Bulgakows usw. ist eine moderne Weltsprache. Sprechern des Russischen erschließen sich außerdem die weiteren slawischen Sprachen viel leichter, zumal in vielen dieser Sprachen (z.B. im Ukrainischen, Belorussischen, Bulgarischen oder Serbischen) ein weitgehend identisches bzw. sehr ähnliches Alphabet und Lautsystem angewendet wird. Russisch wird zu den ostslawischen Sprachen innerhalb der Gruppe der indoeuropäischen Sprachen gezählt. Das Gros der Wörter im Russischen ist gemeinslawischen Ursprunges und viele der "alten" Wörter sind in verschiedenen slawischen Sprachen entweder identisch oder ähneln sich stark.

Bei Individualreisen nach Russland kommt man ohne Grundkenntnisse der Landessprache erfahrungsgemäß nicht weit. Im Landesinneren, der Provinz bzw. der *глу́би́нка* (russ. umgangssprachlich für "Provinz", "Landesinneres") dürfte es ein Glücksfall sein, in jedem Städtchen oder Dörfchen Englisch sprechende Mitbürger zu treffen. Gelegentlich trifft man in Sibirien Nachkommen deutschstämmiger Siedler, die sich selbst als Volksdeutsche oder Wolgadeutsche bezeichnen - man nutze die Gelegenheit der sprachlichen Kommunikation. Die älteren Generationen sprechen überwiegend ein flüssiges Deutsch, welches sich uns oft erst nach dem dritten Hinhören erschließt, denn es entspricht älteren deutschen Dialekten mit schwäbischer Färbung aus dem 17./18. Jahrhundert und hat sich aufgrund der geografischen Isolation überwiegend unverändert erhalten.

Dieses Buch ist kein Lehrbuch, kein Sprachführer oder dergleichen. Es erhebt auch keinen Anspruch auf Vollständigkeit und Fehlerfreiheit. Die russische Grammatik wurde bewusst ausgespart, es wird auch weder von Adverbialpartizipien, noch vom "Gesetz der offenen Silbe" die Rede sein. Vielmehr soll das Interesse an der fremden Sprache geweckt und mit manchen Vorurteilen aufgeräumt werden. Oft hört man, dass die Aussprache im Russischen "sehr schwierig" sei - tatsächlich aber wird Russisch fast immer so gesprochen wie es geschrieben ist, anders als z.B. Englisch. Auch die so "fremdartigen" slawischen Wörter werden sich nach einer etwas schwierigen und Fleiß erfordernden Anlaufphase viel leichter erschließen. Auch die "komplizierte" Schrift ist mit etwas Mühe zu erlernen. Alle Lehrer aus dem Bereich der Schulen oder Volkshochschulen werden bestätigen, dass jeder Interessierte nach 15 bis 20 Unterrichtsstunden das russische Alphabet versteht. Nach Aneignung eines Basiswortschatzes gelingt es am besten auf Reisen nach Russland oder im Kontakt mit russischen Menschen, den Wortschatz zu erweitern. Sehr dienlich sind dazu auch Sprachreisen mit Unterbringung in einer ausschließlich Russisch sprechenden Familie (ich kenne dies aus eigener Erfahrung von einem Studentenaustausch in Leningrad), was in etwa dem sprichwörtlichen "Sprung ins kalte Wasser entspricht". Nutzen Sie anstelle von Wörterbüchern lieber Taschenbücher[1], die einen "Aufbauwortschatz" und fertige sprachliche Wendungen enthalten. An jedem größeren Bahnhof oder Flughafen in Deutschland sind außerdem russischsprachige Zeitungen und Journale erhältlich, im Internet gibt es russische Seiten zuhauf (z.B. aif.ru). Eine Suchmaschine findet man unter rambler.ru, aktuelle Nachrichten aus Russland z.B. im Portal www.lenta.ru.

Alphabet und Aussprache

Den Umfang der russischen Sprache kann man mit den geografischen Dimensionen Russlands vergleichen. Das fängt beim Alphabet an. Die Altkirchenslawische Sprache beinhaltet 41 Buchstaben (siehe Abbildung auf Seite 13). Das moderne russische Alphabet (*алфавит* bzw. *азбука*) beinhaltet 33 kyrillische Zeichen, davon 21 Konsonanten und 10 Vokale (siehe Abbildung auf Seite 64).

Unbedingt zu beachten sind zwei weitere Hilfszeichen (Weichheitszeichen, *мягкий знак* "ь" und das Härtezeichen, *твёрдый знак* "ъ"). Diese haben keinen eigenen Lautwert, sie zeigen nur an, ob der vorausgehende Konsonant weich oder hart ausgesprochen wird. Das Weichheitszeichen **ь** vermittelt am Wortende (z.B.: *ден**ь*** russisch für "Tag") eine weichere Aussprache des vorausgegangenen Konsonanten, hier ***н*** ("n"). Deutlich wird dies auch bei *брат* (russisch für "Bruder" [brat], mit hart ausgesprochenem "t" am Wortende) und *брат**ь*** (russisch "nehmen" [bratj], mit weicher ausgesprochenem Wortende). Die "harte" bzw. "weiche" Aussprache eines Konsonanten kann die Bedeutung eines Wortes beeinflussen, so bedeutet (hart) *по́лка* = "Regal", "Bücherbrett" und *по́л**ь**ка* (weich) = "Polka" (Tanz).

In dem ersten schriftlichen Alphabet der russischen Sprache, abgeleiteten vom Altkirchenslawischen, wurden in der Vergangenheit weitaus mehr als 33 Zeichen verwendet, jedoch erfolgte durch Reformen eine Vereinfachung des Alphabetes unter Zar Peter I. (1708) sowie durch eine zweite Reform im Jahre 1918.

Das Härtezeichen **ъ** wurde bis 1918 grundsätzlich am Wortende jedes auf einen nicht weich ausgesprochenen Konsonanten endenden Wortes geschrieben. Nach der damaligen Reform wurde diese Gepflogenheit zunächst ganz abgeschafft, Jahre später wurde das Härtezeichen wieder bei einigen Wörtern eingeführt, vor allem in der Mitte der Wörter, z.B.: *под**ъ**езд* (Hauseingang), *с**ъ**ёмка* (Aufnahme, Photographie), *с**ъ**есть* (aufessen) -Achtung, gleiches Wort ohne Härtezeichen *сесть* meint (setzen).

Einige Buchstaben entsprechen denen des im Deutschen verwendeten Alphabetes und haben auch fast den gleichen Lautwert, wie z.B.: *А, К, М, О, Т* in den Worten *атом* (Atom), *какао* (Kakao), *мокка* (Mokka) oder *такт* (Takt), aber auch *кафе́* (Cafe), *луна* (Luna für Mond) usw. Der Lautwert und die Schreibweise der anderen Buchstaben des Alphabetes ergeben sich aus der Tabelle, welche auch Hinweise zur Transliteration enthält. Eine große Anzahl der russischen Konsonanten können entweder "hart" bzw. "weich" ausgesprochen werden. Mit "weich" ist gemeint, dass die Zunge beim Sprechen des jeweiligen

Konsonanten gegen den harten Gaumen stößt, wodurch ein weicherer Klang resultiert - phonologisch wird dieser Vorgang als Palatalisierung (abgeleitet vom lateinischen Wort *palatum* für Gaumen) bezeichnet.

Besonderheiten bestehen beim Buchstaben *Г, г* (transliteriert "g"), wenn er am Wortende in Endungen des Typs *-ого* oder *-его* vorkommt, die Aussprache erfolgt in diesem Fall als "w" (Beispiel: *ничего* [nitschiwo], russisch für "nichts" oder *синего* [sinjewo], russisch für "des blauen"). Im Wort *Бог* (russ. für "Gott") wird das ***г*** ähnlich dem "ch" im deutschen Wort "ach" ausgesprochen, analog ist die Aussprache des ***г*** in *мягкий* [mjakhki], russisch für "weich".

Der Buchstabe *X, x* wird unterschiedlich transliteriert, nach ISO-Norm im Deutschen als "h", gelegentlich auch als "ch" (wissenschaftliche Transliteration), im englisch-amerikanischen Sprachraum als "kh" - wegen der Aussprache orientiere man sich am "ch" im deutschen Wort "Dach" oder "ach" (z.B.: *эхо* = Echo, *характер* = Charakter, nicht palatalisiertes *x*). Das *x* kommt auch in einer palatalisierten Form vor. Das bedeutet, dass die mittlere Zunge bei der Aussprache etwas gegen den harten Gaumen angehoben wird, wobei sich ein weicherer, dem "ch" im deutschen Wort "ich" ähnlicher Laut ergibt - z.B.: bei *вздó**хи*** [vzdoch\`i], russ. für "Seufzer". Die Aussprache des *x* im Vornamen *Ми**х**айл* (entsprechend Michael), erfolgt etwas härter als "ch", wie beim deutschen "ach" oder "Knochen".

Der Buchstabe *Ж, ж* kann als "sh" bzw. "zh" transliteriert werden. Die Aussprache ähnelt dem zweiten "g" im deutschen Wort "Garage" oder auch dem "j" in "Journalist" (siehe auch russisch *журналист*). Das *Ж* ist das stimmhafte Gegenstück zum russischen Ш, ш (es entspricht dem deutschen Lautwert "sch" (siehe auch *школа*, russ. für "Schule").

Schwierigkeiten bereiten den Ausländern oft die anderen vier Zischlaute[2] *ц*, *ч*, *ш* und *щ*. Das *ч* und das *щ* werden immer "weich" ausgesprochen (z.B.: ***час***, russ. für "Stunde", gesprochen [tschas], *ч* ähnelt der Buchstabenverbindung *tsch* wie in "*Tsch*eche" bzw. ***щи***, russ. für "Kohlsuppe", gesprochen [schtschi], Buchstabe *щ* kommt dabei dem *sch-tsch* wie in "*sch*nell *tsch*üss" sehr nahe). Das *ц* kann am besten als hart ausgesprochenes "z" (wie in "Zar", russisch = *царь*) angegeben werden.

Der Konsonant *З, з* gilt als stimmhaftes Gegenstück zum stimmlosen und "scharfen" *С, с*. Letzteres wird als "ss" (wie in "essen") gesprochen, wenn es zwischen zwei Vokalen steht. Das stimmhafte *З* hat einen weicheren Charakter wie das deutsche "s" im Wort "sausen". Es ist sehr wichtig, in der russischen Sprache zwischen *З* und *С* zu unterscheiden, da sich manche Wörter unterschiedlicher

Bedeutung nur durch diesen einen Buchstaben in Schreibweise und Aussprache unterscheiden, wie z.B.: *козá* (russisch für "Ziege") aber *кoсá* (russisch für "Landzunge" oder "Zopf").

Das russische *ы* hat keine direkte Entsprechung im Deutschen. Die Aussprache kommt entweder dem "y" oder dem deutschen "ü" (wie in "d**ü**nn") nahe. Dabei wird das "ü" nicht mit abgerundeten Lippen - wie im Deutschen üblich - sondern mit gespreizten Lippen gesprochen, z.B. bei *лыжи* [lyzhi], russ. für "Skier". Es steht in der russischen Sprache nie am Wortanfang. In anderen Sprachen, die ebenfalls auf das kyrillische Alphabet zurückgreifen, wie z.B. Jakutisch oder die Altaisprache, kann es aber auch am Wortanfang und dann großgeschrieben als *Ы* auftreten, z.B. bei in das Russische übernommenen Ortsnamen oder geografischen Bezeichnungen.

Der Konsonant *Р, р* wird in Transliterationen als "r" angegeben, wird jedoch im Russischen stets als Zungen-R ausgesprochen (im Gegensatz zum Deutschen, wo es kehliger ausgesprochen wird).

Bei den russischen Vokalen gibt es ebenfalls einige Besonderheiten. Das *е* wird oft so stark reduziert, dass es wie ein dünnes "i" klingt, z.B.: *театр* [tiatr], russisch = "Theater". Ein häufiger Problempunkt von Ausländern, die sich mit dem Erlernen der russischen Sprache beschäftigen, ist die Aussprache des russischen *о* wie z.B. in *Москва* (Moskau, sprich "Maskwá") oder ***О**десса* (Odessa, sprich "Adéssa"). Das Verhältniswort *о* (russ. Präposition = "über") wird wie eine Silbe des nachfolgenden Wortes ausgesprochen und zwar als kurzes "a". Dabei spielt die Betonung eine ausgesprochen wichtige Rolle, weil das ***о*** ohne Betonung wie "a" intoniert wird, z.B. aber bei *он* (russ. für "er") auch als "o" ausgesprochen wird. Bei dem Personalpronomen *она* (russ. für "sie") weist ***о*** die unbetonte Form auf, deswegen Aussprache als "a" ("ana"). Bei *о столе* (russ. für "über dem Tisch") sprich "a" [a stalje], denn beide ***о*** werden nicht betont. Die Betonung ist im Russischen oftmals für die richtige Bedeutung eines Wortes wichtig. Falsch betonte Silben können zu Missverständnissen führen, so muss z.B. streng zwischen *мýка* [múka] = russisch "Seelenqual", "Pein", "Sorge" und dem auf "a" betonten vom Schriftbild identischem *мукá* [muká] = russisch für "Mehl" unterschieden werden.

Eine andere Besonderheit der Sprache kann man in der Bildung der Pluralformen der Substantive und der Deklination der Pluralformen sehen. Dabei verändern sich nicht nur die Endungen, sondern einige Wörter weisen sogenannte "laufende" Vokale (беглые гласные) auf, welche im Plural aus dem Wort verschwinden:

стан**о**к (Werkzeugmaschine)	станки
от**е**ц (Vater)	отцы
л**ё**д (Eis)	льды
бо**е**ц (Kämpfer)	бойцы
кус**о**к (Stück)	куски.

In einem guten Wörterbuch sollten nicht nur das russische Alphabet mit Lautregeln, sondern auch eine Aussprachehilfe in internationaler Lautschrift und die Pluralformen der Substantive vorhanden sein. Wer nicht perfekt Russisch spricht, sollte die zusätzlichen 566 Gramm, die z.B. "Langenscheidts Taschenwörterbuch" auf die Waage bringt, im Reisegepäck nicht scheuen, ich habe dessen Mitnahme nie bereut. Zusätzliche hilfreiche Informationen bieten viele Webseiten und Links[3].

Geschichte des Russischen

Die altrussische Epoche (5. bis 14.Jahrhundert)

Kommend aus der Familie der indoeuropäischen Sprachen gehört Russisch zur ostslawischen Sprachgattung. Aufgrund alter römischer und griechischer Texte gelang den Historikern eine Eingrenzung des ursprünglichen Siedlungsgebietes der Slawen. Dieses erstreckte sich um das 4. bis 5. Jh. n.Chr. zwischen den Karpaten im Westen und dem Fluss Dnepr im Osten. Südlich wurde es durch das Schwarze Meer begrenzt.

Ein entscheidender Meilenstein in der Entwicklung der russischen Sprache war die Bildung des Staates der Kiewer Rus. Verschiedene ostslawische Stämme vereinigten sich. Dass dieser "Vereinigungsprozess" nicht besonders friedlich ablief, sondern von blutigen Kämpfen begleitet wurde, berichtet die Sage von der Fürstin Olga (*княгиня Ольга*), welche etwa 945 in Kiew spielt[4]. Der Ursprung des Namens *Русь* wird von einigen Quellen damit erklärt, dass die Schweden die Waräger als "Ruotsi" (Ruderfahrer) bezeichneten, als sie mit den slawischen Stämmen in Kontakt kamen. Ungefähr im 7./8. Jh. entstand aus dem Gemisch unterschiedlicher Dialekte der ostslawischen Stämme (Poljanen, Ilmenslawen, Derewljanen u.a.) eine Sprache, die heute als Altrussisch bezeichnet wird. Sie entwickelte sich unter dem damals zunehmenden griechischen und lateinischen Einfluss im Gefolge der Christianisierung weiter.

Im Jahre 988 übernahm die Kiewer Rus das Christentum als Religion und es begannen die ersten schriftlichen Überlieferungen. Aus dieser Zeit sind die ersten altkirchenslawischen Texte erhalten. Aus dem bereits vorher christianisierten südslawischen Ländern Bulgarien und Serbien gelangten kirchliche Schriften in die Kiewer Rus und später weiter nach Norden. Das Altkirchenslawische stellte keine gesprochene Sprache dar. Der Beginn der slawischen Schriftsprache fällt zeitlich zusammen mit der Missionierung der slawischen Stämme durch die Apostel Cyrill und Method[5]. Für die Missionierungszwecke wurden verschiedene religiöse Texte (z.B. die Evangelien oder kirchliche Lieder) in das Slawische übertragen und ein für das Slawische angepasste Alphabet - die sogenannte *Glagolica* (glagolitische Schrift, *глаголица*) - erdacht. Diese Bezeichnung leitete sich etymologisch vom altkirchenslawischen Wort *glagolati (sprechen)* ab.

Damit setzte sich die heute angewendete kyrillische Schrift (*кириллица*) durch und löste im 10./11. Jh. die schwierige, rundbögige und aufwendige Glagolica ab (eine Zeit lang existierten beide Alphabete parallel) und ist seither das einzige und flächendeckende Schriftsystem in Russland, Weißrussland, der Ukraine und einigen weiteren (slaw.) Staaten. Das Altkirchenslawische entwickelte sich in der Folge weiter zum eigentlichen Kirchenslawisch, der mittelalterlichen panslawischen Schriftsprache, welche von den östlichen (Russen, Ukrainer), westlichen (Sorben, Polen, Kaschuben, Tschechen, Slowaken) und südlichen Slawen (Serben, Slowenen, Bulgaren u.a.) verstanden wurde. Damals unterschied man nicht zwischen Groß- und Kleinschreibung, es kamen nur Großbuchstaben zur Anwendung.

Erst im 17./18. Jh. verlor das Kirchenslawische im weltlichen Leben seine Bedeutung, es überdauerte die Zeit jedoch bis heute als Sprache der orthodoxen Kirche. Es besteht noch keine einhellige Meinung darüber, ob die altrussische Sprache sich direkt aus dem Kirchenslawischen heraus entwickelte oder ob es lokale Entwicklungen gab, welche im Verlauf mit dem Kirchenslawisch zur eigentlichen russischen Sprache verschmolzen sind. Viele kirchenslawische Wörter kann man noch heute sowohl in der literarischen als auch in der russischen Alltagssprache erkennen. Solche Wörter nennt man *церковнославянизмы* (sinngemäß Kirchenslawismen). Beim Vergleich der folgenden kirchenslawischen und russischen Wörter sieht man die Verwandtschaft.

Kirchenslawische Wörter	Russische Wörter
Градъ	город (Stadt)
Власъ	волос (Haare)
Брегъ	берег (Ufer)
Млеко	молоко (Milch)

ЦЕРКОВНОСЛАВѦНСКАѦ АЗБꙊКА

А а	– аз	Н н	– наш	Ш ш	– ша
Б б	– бу́ки	О о ѻ	– о́н	Щ щ	– ща
В в	– ве́ди	П п	– поко́й	Ъ ъ	– ер
Г г	– глаго́ль	Р р	– рцы	Ы ы	– еры́
Д д	– добро́	С с	– сло́во	Ь ь	– ерь
Є є ѥ	– есть	Т т	– тве́рдо	Ѣ ѣ	– ять
Ж ж	– живе́те	Ѹ ѹ Ꙋ ꙋ	– ук	Ю ю	– ю
Ѕ ѕ	– зело́			Ꙗ ꙗ	– я
З з	– земля́	Ф ф	– ферт	Ѧ ѧ	– юс мал.
И и	– и́же	Х х	– хер	Ѫ ѫ	– юс бол.
І ї	– и	Ѿ ѿ	– от	Ѯ ѯ	– кси
К к	– ка́ко	Ѡ ѡ	– оме́га	Ѱ ѱ	– пси
Л л	– лю́ди	Ц ц	– цы	Ѳ ѳ	– фита́
М м	– мы́слете	Ч ч	– червь	Ѵ ѵ	– и́жица

ЦИФИРЬ

а҃	– 1	а҃і	– 11	к҃а	– 21	с҃	– 200
в҃	– 2	в҃і	– 12	к҃в	– 22	т҃	– 300
г҃	– 3	г҃і	– 13	л҃	– 30	ꙋ҃	– 400
д҃	– 4	д҃і	– 14	м҃	– 40	ф҃	– 500
є҃	– 5	є҃і	– 15	н҃	– 50	х҃	– 600
ѕ҃	– 6	ѕ҃і	– 16	ѯ҃	– 60	ѱ҃	– 700
з҃	– 7	з҃і	– 17	ѻ҃	– 70	ѿ҃	– 800
и҃	– 8	и҃і	– 18	п҃	– 80	ц҃	– 900
ѳ҃	– 9	ѳ҃і	– 19	ч҃	– 90	҂а҃	– 1000
і҃	– 10	к҃	– 20	р҃	– 100	҂в҃	– 2000

Das kirchenslawische Alphabet.
Auch Zahlen wurden ab dem 10. Jahrhundert in Form von Buchstaben wiedergegeben. Inschriften auf Ikonen, in kirchlichen Büchern und auf Grabsteinen entsprechen dieser Schreibweise.

Es existierten eine Reihe interessanter grammatikalischer Erscheinungen, wie z.B. der Vokativ. Während in anderen slawischen Sprachen der Vokativ (als Ruf-Fall) weiter existiert (z.B. im Bulgarischen als 5.Fall: *княЗь, княже!*), ging er im Russischen verloren. Dieser (ehemals siebte) Kasus existiert heute im Russischen nur noch als Relikt, z.B. im Wort *Боже! (sg. Oh Gott!)* oder bei Vornamen in einer verkürzten Rufform, z.B. *Лен! (von Lena)* bzw. *Тань!* (von *Tanja*).

Etwa im 14./15. Jahrhundert entsprangen der altrussischen Sprache das eigentliche Russisch, das Ukrainisch und das Belorussisch. Der überwiegende Anteil der heute im Russischen verwandten Lexeme ist slawischer Herkunft. Viele kirchliche und soziale oder wissenschaftliche Begriffe wurden bereits vor langer Zeit aus dem Griechischen oder Lateinischen entlehnt, eine nicht zu unterschätzende Anzahl "moderner" Wörter sind Lehnwörter aus dem Deutschen, Französischen und Englischen. Es gibt auch viele uralte entlehnte Lexeme aus dem germanischen Sprachraum, welche sicher vor mehr als 2.000 Jahren in den slawischen Sprachraum übernommen wurden, z.B. *Bruder - брат, Sohn - сын, Leute - люди, Volk - люд, Fürst (germanisch kuningaz) - князь* oder *Kirche (germanisch kirkun) - церковь*, ein weiteres Beispiel, das die Verwandtschaft des Altslawischen mit dem Germanischen (beides indoeuropäische Sprachen) zeigt, ist *das Auge - око* (noch heute im poetischen Sinn als "Auge" in Verwendung).

Mit zu den ältesten nachweisbaren Texten gehören neben Abschriften kirchlicher Texte (am bekanntesten sind neben dem *Ostromir-Evangelium* um 1056) und kirchlicher Lied- und Gebetbücher die sogenannten *Birkenrindenchroniken* aus Nowgorod (12. Jh.) und Übersetzungen byzantinischer Romane - letztere sind nichtkirchliche Schriftzeugnisse.

Rückblickend betrachtet ist davon auszugehen, dass sich die russische Sprache ohne den Einfluss der orthodoxen Kirche nicht so schnell und in dem Umfang entwickelt hätte (So sind viele Worte der täglichen Umgangssprache kirchlichen Ursprungs). Das häufige *Спасибо!* wird von allen allgemeinen Wörterbüchern als "Danke" übersetzt, es entstand jedoch aus zwei Wörtern: *спаси* und *бог,* und wurde früher im Sinne von "Errette uns, Gott! " verwandt.

Im Mittelalter führten verschiedene äußere Faktoren, wie z.B. die andauernden mongolisch-tatarischen Vorstöße sowie die teilweise Besetzung des Landes durch die Eroberer und Gebietsverluste an Litauen-Polen, zur territorialen Zerstückelung der altrussischen Völkerschaft, was auch einen Zerfall der einheitlichen Umgangssprache (mit dem Resultat der späteren lokalen Differenzierung in Russisch, Ukrainisch und Belorussisch) nach sich zog. Den Kriegen waren bereits innere Konflikte vorausgegangen, wobei Kiew als altes Zentrum der Rus seine Bedeutung schrittweise zugunsten von Moskva (sog. Moskauer Rus) verlor.

Die Epoche der Moskauer Rus (15. bis 17. Jahrhundert)

Zunächst kam es im 15. Jh. kurzfristig zu einem Angleichen des Kirchenslawischen an südslawische Formen. Nach diesen Reformen des Kirchenslawischen nahm seine Bedeutung als Schriftsprache ab. In diese Zeitperiode fällt auch die Ausdifferenzierung verschiedener Dialekte der russischen Sprache.

Man unterschied einen mittelgroßrussischen Dialekt (den eigentlichen Moskauer Dialekt) vom nordgroßrussischen und südgroßrussischen Dialekt. Moskva begann sich Ende des 16. Jh.s, Anfang des 17. Jh.s der damaligen westlichen Welt zu öffnen. Aus dem Moskauer Dialekt entstand die moderne Schriftsprache. Eine Besonderheit des Moskauer Dialektes bestand darin, dass der Vokal *o* in unbetonten Silben als *a* ausgesprochen wurde (*russ.* **аканье**). Es trat eine Vereinfachung der komplizierten bisherigen Vergangenheitsformen auf (Ersatz durch eine unifizierte einfache Form auf *-л*). Schrittweise kam es zur Herausbildung einer allgemeinen Standardsprache, welche erhebliche Unterschiede zum alten Kirchenslawisch aufwies.

Die erste Reform der russischen Schrift unter Peter I.

Das 17. und 18. Jh. waren durch einen starken westlichen Einfluss auf verschiedene Lebensbereiche geprägt - nicht nur in Bezug auf die Sprache. Unter Zar Peter dem Großen (*Петр Первый*, 1672 - 1725) erlebte das Land einen wirtschaftlichen Aufschwung, die Wissenschaften blühten auf. Es war die Zeit, in der eine große Anzahl von Lehnwörtern aus europäischen Sprachen (vor allem aus dem Deutschen, Holländischen und Französischen) einging.

Die bisherigen orthografischen Formen wurden durch die Schriftreform unter Peter I. (1708-1710) stark vereinheitlicht und teilweise vereinfacht. Peter I. führte die sogenannte "bürgerliche Schrift" (*гражданский шрифт bzw. гражданская азбука*) ein und verfügte die Trennung zwischen dem alten kirchenslawischen und dem neuen Alphabet. Alle nicht-kirchlichen Texte und Bücher wurden ab diesem Zeitpunkt nur noch in der neuen Schrift gedruckt.

Im sogenannten "bürgerlichen Alphabet" waren die Akzentzeichen nicht mehr vorhanden, außerdem wurden mehrere Buchstaben aus dem Alphabet gestrichen und zwei neue (*э* und *я*) eingeführt. Die arabischen Ziffern ersetzen die bisherigen Ziffernzeichen, welche durch einzelne Buchstaben des alten Alphabetes verkörpert wurden.

Der russische Gelehrte Lomonosow (*М.В. Ломоносов* 1711-1756) setzte sich intensiv mit der russischen Sprache auseinander, er entwickelte nicht nur die erste weit verbreitete russische Grammatik in Buchform *(Российская грамматика)*, welche 1755 herausgegeben wurde, sondern mit seinem Namen ist auch die "Lehre der drei Stile" verknüpft. Gemeint ist damit das zeitgleiche Vorhandensein dreier hinsichtlich ihres Wortschatzes und des Gebrauches unterschiedlicher Sprachstile. So war der "niedrigste" Stil der damaligen volkstümlichen Sprache sehr nahe, während der Wortschatz des "mittleren" Stiles hauptsächlich in der Verwaltung und bei den Beamten zur Anwendung kam. Der "hohe" Stil beinhaltete sehr viele aus dem Bereich des Kirchenslawischen stammende Lexeme.

Das 19. Jahrhundert (Puschkin-Periode)

Anfang des 19. Jahrhunderts geriet das Russische stark unter den Einfluss der französischen Sprache und Literatur. Manche Sprachwissenschaftler behaupten, dass erst ab diesem Zeitpunkt eine gewisse Leichtigkeit in die bis dato "schwere" Büchersprache Einzug hielt. Dank der französischen Einflüsse wurde es leichter, delikate Witzchen zu verbreiten, den Damen nach europäischem Vorbild Komplimente oder Liebeserklärungen zu machen.

Im 19. Jh. verwischten sich die von Lomonosow geschaffenen drei Stile immer mehr, es bildete sich ein weitestgehend einheitlicher Sprachstil heraus. Alle großen russischen Schriftsteller dieser Epoche partizipierten bei der Herausbildung der russischen Literatursprache, allen voran A. Puschkin (*А. С. Пушкин,* 1799 bis 1837). Puschkin vereinigte in seiner lyrischen Sprache die literarischen Traditionen des 18. Jahrhunderts, die Redewendungen der kulturellen Gesellschaft seiner Zeit neben der städtischen Umgangssprache (*городское просторечие*) und alten dörflich-folkloristischen sprachlichen Elementen des Volkes sowie archaischen kirchenslawischen und neu entlehnten westeuropäischen Lexemen. Der russische Publizist W. Weressajew schrieb treffend: "Als Puschkin die literarische Laufbahn begann, war die russische Literatur einem ungelenken Halbwüchsigen ähnlich, …, als Puschkin aus dem Leben schied, war die russische Literatur ein vollkommen geformtes Wesen … mit den Aussichten für ein glänzendes Aufblühen in der Zukunft."

Ѻ҆́тче на́шъ, и҆́же є҆сѝ на нб҃сѣ́хъ, да ст҃и́тсѧ и҆́мѧ твоѐ, да прїи́детъ цр҃ствїе твоѐ, да бꙋ́детъ волѧ̀ твоѧ̀, ꙗ҆́кѡ на нб҃сѝ и҆ на землѝ. Хлѣ́бъ на́шъ насꙋ́щный да́ждь на́мъ дне́сь, и҆ ѡ҆ста́ви на́мъ долги̑ на́шѧ, ꙗ҆́коже и҆ мы̀ ѡ҆ставлѧ́емъ должникѡ́мъ на́шымъ: и҆ не введѝ на́съ во и҆скꙋше́нїе, но и҆зба́ви на́съ ѿ лꙋка́вагѡ.

Die Wiedergabe des Gebetes Молитва Господня im kirchenslawischen Original illustriert die damalige Schreibweise

Übrigens: [6]Als Kind beherrschte Puschkin Französisch besser als Russisch. Bereits als Achtjähriger schrieb er erste Gedichte - in Französisch. Im Haus seiner Eltern gab es immer eine französische Gouvernante und es wurde überwiegend Französisch gesprochen. Das war zu dieser Zeit in den adligen Häusern üblich. Auch der bekannte Brief der Tatjana Larina an Eugen Onegin war auch auf Französisch geschrieben. (Der Roman in Versform "Eugen Onegin" ist eines der größten Werke Puschkins und diente als Vorlage für die gleichnamige bekannte Oper von Pjotr Iljitsch Tschaikowski).

1825 wurde Puschkin im Zusammenhang mit dem Dekabristenaufstand[7] verhaftet und in die Verbannung geschickt. In der Verbannung, weit ab von St. Peterburg auf dem Landgut seiner Mutter, nahm seine Begabung zu. Er schrieb selbst: "Ich fühle, dass meine geistigen Kräfte die volle Reife erreicht haben, ich kann schaffen …". In der Fremde schrieb Puschkin die erste Tragödie der russischen Literatur *Boris Godunow* und arbeitete an dem großen Werk *Eugen Onegin* weiter. Leider legte Puschkin eine große Vorliebe für Duelle an den Tag. Auch nach der späteren Rückkehr in die Hauptstadt gelang es seinen Sekundanten nur selten, eine Versöhnung ohne Duell herbeizuführen. Puschkin starb am 29. Januar 1837 in St. Peterburg an den zwei Tage zuvor erlittenen Bauchschussverletzungen eines Duells mit dem französischen Offizier d'Anthès-Heeckeren, einem Verehrer seiner Frau. Um den tragischen Tod des Dichters rankten sich stets Legenden. Eine Zigeunerin wahrsagte Puschkin einmal, dass er ein hohes Alter erreichen würde, allerdings nur, wenn er sein 37. Lebensjahr überstehen würde …[8]. Puschkins Sprache lebt in seinen Werken weiter, nichts aus seiner Sprache ist veraltet.

Der Gelehrte Grot (*Я. К. Грот*) leitete Ende des 19. Jahrhunderts mit seiner Schrift *Streitfragen der russischen Rechtschreibung* (1873) eine verbindliche Schreibweise für die bislang uneinheitliche russische Orthographie ein. Sein Buch erlebte mehr als zwanzig Auflagen.

Entwicklung des Russischen vom 20. Jh. bis heute

Von den Sprachwissenschaftlern wird diese Epoche in vier zeitliche Abschnitte unterteilt: die Zeit vor der Revolution (bis 1917), die sowjetische Periode (1917 bis 1985), die Zeit der Perestrojka (1985 bis 1991) und die postsowjetische Zeit (ab 1991). Ohne sich in Details zu verlieren - so wird z.B. die 68 Jahre dauernde sowjetische Periode nochmals in mehrere kleinere Abschnitte unterteilt - sind doch aufgrund der mehrfachen teils radikalen Veränderungen und Umwälzungen der russischen bzw. sowjetischen Gesellschaft (die sich auch in der Sprache widerspiegelten) in der Revolutions- und Bürgerkriegszeit, den 30er Jahren, der Kriegs- und Nachkriegszeit, Grundkenntnisse der Historie beim Erlernen und Beschäftigen mit der russischen Sprache sehr dienlich.

Auf diese Weise lassen sich viele Wortbedeutungen leichter erschließen. Sprachgeschichtlich gesehen sind neben modernen Anglizismen bereits zu verschiedenen vorausgegangenen historischen Epochen viele Wörter aus anderen europäischen Sprachen (Deutsch, Französisch, Latein, Griechisch) in den russischen Wortschatz übergegangen.

Im Mittelalter waren es vor allem Begriffe, die mit kriegerischen Auseinandersetzungen verbunden waren, wie z.B.: *гусар* ("Husar"), *рыцарь* ("Ritter"), *шлем* ("Helm"), *сáбля* ("Säbel"), *картéчь* ("Kartätsche") oder mit den sich entwickelnden Wissenschaften (*гелертер*, "Gelehrter") in Zusammenhang standen. Im Zuge der Ausdehnung der russischen Macht- und Einflusssphäre auf den mittelasiatischen Raum und bereits zuvor durch die tatarisch-mongolischen Kriege und spätere Handelsbeziehungen in Friedenszeiten gelangten viele Wörter aus den Turksprachen (u.a. aus dem Usbekischen und Kirgisischem, überwiegend aber aus der tatarischen Sprache) in die russische Sprache. Solche Turzismen sind zum Beispiel *ковыль* ("Steppengras"), *тушканчик* ("Springmaus"), *кунжýт* ("Sesam"), *кургáн* (vorzeitlicher Grabhügel), *базар* ("Basar", "Markt"), *халат* ("Kittel"), *арбýз* ("Melone"), *туман* ("Nebel") oder *чемодан* ("Koffer"). Auch *сундук* ("Truhe", "Kasten"), *карман* ("kleine Tasche"), *баран* ("Hammel"), *сарай* ("Tierstall") gehören dazu. Die im Russischen vorkommenden Wörter auf *кар(а)* wie der bekannte *карандаш* ("Bleistift", wörtlich eigentlich "schwarzer Stein" - vom turksprachigen *кара* ("schwarz") und *даш* ("Stein") gebildet; die ersten Bleistifte waren Steine aus Graphit) oder die "Karawane", *караван* können ihre Herkunft nicht mehr verbergen.

Später, gegen Ende des 17. und Beginn des 18. Jahrhunderts und zu den Zeiten der Sprachreform Peters des Großen, waren es vor allem Wörter aus der Seefahrt und dem Handwerk, welche die russische Sprache bereicherten. Praktisch alle Fremdwörter aus dem Bereich der Seefahrt und Nautik sind holländischen oder deutschen Ursprungs.

Über die Anzahl der entlehnten Wörter in diesen Bereichen kann man nur überrascht sein, mir ging es jedenfalls so, als ich mit russischen Matrosen in St. Peterburg oder dem Kapitän eines auf dem mächtigen sibirischen Strom Lena verkehrenden Passagierschiffes ins Gespräch kam. Anfangs glaubte ich noch, dass mein Gesprächspartner in der Vergangenheit Deutsch gelernt hatte und sich im Gespräch bemühte, das eine oder andere in Erinnerung gebliebene "deutsche" Wort in das Gespräch einzustreuen. Doch sehr bald wurde ich eines Besseren belehrt und es ergab sich, dass die in der Seefahrt verwendeten deutschen Wörter *норд, ост, вест* und *зюйд* zur Bezeichnung des Windes und der Himmelsrichtung verwandt werden, obschon es im Russischen dafür eigene Begriffe (z.B.: *север* = "Norden") gibt. Die Palette der Fremdwörter ist in diesem Bereich sehr groß: *лоцман* ("Lotse", aber auch "Lotsenboot"), *штурман* (holländisch "Stuurman", "Steuermann"), *кок* ("Schiffskoch"), *камбуз* ("Kombüse"), *матрос* ("Matrose"), *капитан* ("Kapitän"), *штабс-капитан* ("Stabskapitän"), *шлюпка* ("Schaluppe"), *флаг* ("Flagge"), *верфь* ("Werft"), *бакборт* ("Backbord"), *фок* ("Fock"), *фок-мачта* ("Fockmast"), *док* ("Dock"), *докер* ("Dockarbeiter"), *яхта* ("Jacht"), *шторм* und *штиль*.

Einige Worte der Seefahrt und Fischerei oder Jagd stammen auch aus dem Englischen: *бóтдек* (engl. "boat-deck"), *чартер* (engl. "charter"), *финвáл* (engl. "finwhale", "Finnwal"), *стáлкер* (engl. "stalker" für *охотник* = "Jäger", "Fanger", "Verfolger").

Nur wenige Wörter, wie z.B.: Ebbe, Flut, Anker oder Segel sind *nicht* aus dem Deutschen oder Holländischen entlehnt, diese Wörter sind russische Bildungen und kamen offenbar bereits in frühen Zeitzen mit den ersten Schiffen der Waräger in Gebrauch.

Anfang des 19. Jahrhunderts begann ein starker Einfluss des Französischen, der sich nicht nur in stilistischer Art im Sinne der "Verfeinerung" der Sprache bemerkbar machte. Auch viele Wörter sind französischer Herkunft:

шампанское ("Champagner-Wein"), *шоссе* ("Chaussee"), *шансонетка* ("Chanson"), *пальто* ("Mantel"), *бóты* (frz. "botte", "Stiefel"), *газета* ("Gazette", "Zeitung"), *бутыль, бутылка* ("Flasche"), *филёр* (frz. "fileur", "Geheimagent"), *парлáмент* (dt. "Parlament", frz. "parlement"), *журнал* ("Journal"), *берет* (frz. "béret"), *бижутерия* (frz. "bijouterie"), *литрáж* (frz. "litrage", Fassungsvermögen eines Gefäßes), *балансúровать* (frz. "balancer", "balancieren"), *бланшировать* (frz. "blanchier", "blanchieren") oder *билéт* ("Billet", "Ticket"). Eine ganze Reihe von Wörtern aus dem Bereich der Kunst, Literatur, Malerei und des Theaters haben französische bzw. romanische Wurzeln: *ложа бенуáра* (frz. "loge", frz. "baignoire"), *антрáкт* (frz. "entracte", Pause zwischen zwei Akten), *буклéт* (frz. "bouclette"), *партéр* (frz. "parterre").

Noch im Revolutionsjahr (1917) wurde in Russland eine zweite Schriftreform realisiert, welche auf Empfehlungen der Zaristischen Akademie der Wissenschaften basierte, die bereits zu Anfang des Jahrhunderts fixiert wurde und eine weitere Vereinfachung der Rechtschreibung beinhaltete. Nochmals wurden drei Buchstaben aus dem kyrillischen Alphabet eliminiert und durch *е* (e), *ф* (f) und *и* (i) ersetzt, weitere Änderungen betrafen die Verwendung des Härtezeichens ъ,Ъ und die Schreibweise bestimmter Genitivformen von Adjektiven und Partizipien. Zusätzlich wurden erstmals verbindliche Regeln zur Trennung mehrsilbiger Wörter aufgestellt.

Findet man in einem russischen Antiquitätengeschäft (*антиквариат*) eine Schreibmaschine, die keine Tasten und Typen für *е, ф, и* hat, sondern stattdessen drei heute völlig ungebräuchliche Zeichen, dann handelt es sich bei einem solchem (in der Tat seltenem) Stück um eine Schreibmaschine aus vorrevolutionärer Zeit.

Die sowjetische sprachgeschichtliche Periode nach der Revolution ist sehr stark mit den Ereignissen der damaligen Zeit (Bürgerkrieg im Lande, Interventionskriege von außen) verbunden, wovon Ausdrücke wie *военный коммунизм* (militärischer Kommunismus), *комисар* (Kommissar), *совет* (Sowjet), *советский* (sowjetskij) u.a. künden. Zu den bekanntesten Wörtern der russischen Sprache zählt sicher das Wort *Большевик* (Bolschewik), welches auf das Jahr 1903 datiert wird und im Zusammenhang mit der sozialdemokratischen proletarischen Partei Russlands steht. Diese Bezeichnung für die Gesinnungsgenossen und Anhänger Lenins wird lange Zeit erhebliche Bedeutung im offiziellen Wortschatz haben, weit über den Tod Lenins (1923) hinaus bis in die 50er Jahre des 20. Jahrhunderts.

Die Ansprache "Herr" (*господин*) wurde alsbald durch "Genosse" (*товарищ*) ersetzt. In den nächsten Jahren spielte die *ЧК* (Abkürzung für *всероссийская чрезвычайная комиссия*), Tsheka, ein als Kommission mit außerordentlichen Befugnissen gegründetes geheimpolizeiliches bewaffnetes Organ im Kampf gegen Sabotage und Konterrevolution eine nicht unbedeutende Rolle. Dieses Instrument diente in den folgenden Jahrzehnten der Kontrolle und Reglementierung der Bevölkerung und war (trotz Änderung des Namens in ОПГУ, НКВД oder später in КГБ) in unrühmlicher Weise mit unverminderter Härte bei den stalinistischen Säuberungen und Repressalien beteiligt, die das ganze Land erfassten und Millionen von Menschen Leid und Tod in den Lagern des ГУЛАГ brachten. In der Abkürzung "Gulag" steckt das deutsche Wort "Lager". Gulag bedeutet: *главное управлéние исправительно-трудовых лагерей* = Hauptverwaltung der Arbeits- und Besserungslager.

In den Jahren des 2. Weltkrieges (1941 bis 1945) tauchten Wortneuschöpfungen und Abkürzungen wie z.B. *комбат* (Kommandeur eines Bataillons), *комбриг* (Kommandeur einer Brigade) oder *военкóм* (Abkürzung für *военный комисариат* = "Wehrkreiskommando") auf. Einige Begriffe der feindlichen Terminologie aus dem Bereich des Militärs wurden ebenfalls in dieser Periode übernommen: *блицкриг* [blizkrig], russ. für "Blitzkrieg" und *абвер* [abwer], russisch für "Abwehr".

Der 2. Weltkrieg wird in Russland als der Große Vaterländische Krieg (*Великая Отечественная Война*) bezeichnet. Als Tag des Sieges über Deutschland und Ende des Krieges wird in Russland der 9. Mai gefeiert, obschon die Kapitulation bereits am 08. Mai 1945 in Berlin-Karlshorst unterzeichnet wurde. Dies erfolgte aber in den späten Abendstunden des 08. Mai. Bedingt durch die Zeitdifferenz war es in Moskau bereits 2 Stunden später, was die Diskrepanz um einen Tag zur Folge hatte.

Ab den 60er Jahren kam es erneut zu einem Schub in der Aufnahme ausländischer Wörter in die russische Sprache, wie z.B. das deutsche Wort "Schlager" (*шлягер*) oder das englische Wort "Show" (*шоу*). Dieser Einstrom riss seither nicht ab, wenn er auch gelegentlich unter verschiedenen politischen Verhältnissen, wie z.B. der Regierungsperiode Breschnjews, gedrosselt wurde. Ende der 80er Jahre des 20. Jahrhunderts tauchten zwei Wörter auf (wovon eines der *Perestrojka*-Periode den Namen lieh): *перестрóйка* (wörtlich "Umbau", "Überbau") und *глáсность* ("Offenheit", "Transparenz"). Die Wörter hatten bis dato keine politische Bedeutung, wurden aber zum Konzept der Politik Gorbatschows. In den folgenden Jahren der gezielten Vernichtung des Volkseigentums und der Reprivatisierung (*приватизация*) trat ein neuer Menschenschlag auf den Plan: der "Neue Russe" (*новый русский*). Charakteristisch für Menschen dieser Gruppe war, dass sie in extrem kurzer Zeit auf nicht einfach erklärliche Art und Weise sehr reich wurden. Aktuell ist ein anhaltender Einstrom von Anglizismen in das Russische zu verzeichnen, wie z.B. *принтер, хакер, юзер* ("User"), *хит, компакт-диск, ланч* ("Lunch"), *шоу-мастер, эксклюзивный дистрибютор, суперский, крэзи* ("crazy"). Heute ist der in den 20er Jahren eingeführte *товарищ* [towarischtsch], russ. für "Genosse" eigentlich "out" und die Damen und Herren werden wieder mit *госпожа* und *господин* angesprochen, während es die *ба́рышня* (russ. sinngemäß für "((feines) Fräulein") noch nicht wieder in die heutige Alltagssprache schaffte. Eine häufige Anrede für männliche Jugendliche bis zu Männern in einem bestimmten Alter ist auch: *молодой человек,* sinngemäß "Junger Mann". Verkäuferinnen im Geschäft werden häufig unabhängig vom Alter mit *девушка* (Mädchen) angesprochen.

Zu allen Zeiten gab es zwei Haupttendenzen in Bezug auf ausländische Wörter. So vertraten N. M. Karamzin (1766 bis 1826, russischer Geschichtsschreiber und Publizist, Herausgeber der "Geschichte des Russischen Reiches", er beeinflusste in der Zeit nach Lomonosow stark die Entwicklung der russischen Sprache mit seinem "neuem Stil") und seine Anhänger die Meinung, dass dank der ausländischen Einflüsse dem Russischen überhaupt zum Status einer modernen Literatursprache verholfen wurde und befürworteten sehr stark die Verwendung ausländischer Lehnwörter. Die Gegner dieser Meinung, u.a. der Literat W. I. Dal, welche fremdländische Wörter bekämpften, konnten letztlich nicht verhindern, dass die russische Sprache Fremdwörter wie ein trockener Schwamm in sich aufsog. Letztendlich existieren beide Tendenzen weiterhin und patriarchalslawophil orientierte Autoren (z.B. A. I. Solzhenizin) mühen sich in ihren Werken, alle fremden und nicht russischen Bezeichnungen zu tilgen und durch archaische Slawismen zu ersetzen: *дефект* ("Defekt") wird zu *недостаток* ("Mangel"), *вояж* ("franz. voyage") wird ersetzt durch *путешествие* ("Reise"). Auch der *контракт* ("Kontrakt") ist suspekt und wird durch das ursprüngliche *договор* ("Vertrag") ausgetauscht. Anstelle von *пить чай* ("Tee trinken") ist die Rede von *чаёвничать* ("die Zeit verbringen und Tee trinken" bzw. "die Zeit mit Tee trinken verbringen"), ein Beispiel für die gezielte Verwendung archaischer Begriffe.

Einen Höhepunkt an Schönheit und Ausdruckskraft erreichte die moderne russische Sprache z.B. im Schaffen der Schriftsteller Wassilij Schukschin, Wladimir Wysozkij, Boris Tshitshibabin, Wenedikt Jerofejew oder Mikhail Zhwanezkij.

Die Anzahl der Wörter, welche aus dem Russischen z.B. in die deutsche Sprache übernommen wurden, ist begrenzt. Außerdem sind sie fast nur im ostdeutschen Sprachraum gebräuchlich bzw. bekannt. Beispiele sind: die Datsche (von russ. дача, datscha = Sommerhaus im Garten) oder der Subbotnik (russ. субботник, ein freiwilliger Arbeitseinsatz an einem Samstag). Einige Wörter aus dem Bereich der Raumfahrt und des Kosmos (russ. космос, Wortwurzel ursprünglich aus dem Griechischen) wie z.B. Kosmonaut (russ. космонавт).

Wo viele Wörter herkommen - Importe aus Europa

Der aktuell zunehmenden Angloamerikanisierung der Sprache, welche teilweise in Deutschland auf Skepsis und Kritik stößt, begegnen wir im heutigen Russland praktisch auf Schritt und Tritt. Anglizismen gelangten erst im 20. Jahrhundert in bedeutsamen Umfang nach Russland, der Haupteinstrom begann zu Zeiten der Perestrojka und hält praktisch mit unverminderter Intensität an. Bereits in früher Zeit um die erste Jahrtausendwende strömten viele Begriffe aus Griechenland oder Byzanz ein. Die Schreibweise von entlehnten Anglizismen wird der Aussprache der russischen Sprache direkt angepasst: *аутса́йдер* ("Outsider"), *бри́финг* ("Pressegespräch"), *шеф-партнер, импортер, гранд-холл, дилер* ("Dealer", "Händler"), *фитнесс-клуб, ви́ски* oder *круи́з* (englisch "cruise", "Schiffsreise") sind nur einige wenige Beispiele. Es kommt vor, dass man auf den ersten Blick nicht den tatsächlichen Ursprung von übernommenen Bezeichnungen oder auch Eigennamen erkennt, besonders wenn ur-russische mit fremden Wörtern vermischt werden. So fiel mir an einem Kiosk (*киоск*, vom französischen "kiosque") ein Plakat auf, welches auf hier erhältliche *духи́* von *ив-роже* aufmerksam machte. Das Wort *дух* bedeutet unter anderem "Geist", "Seele", "Sinn", "Mut", "Stimmung", aber auch "Aroma", "Duft" oder "Geruch". An diesem Kiosk wurden allerdings keine Seelen oder Geister verkauft, sondern nur Parfüm des Kosmetikherstellers Yves-Rocher.

Die Russen scheuten sich praktisch zu keiner Zeit, Wörter aus fremden Sprachen in die eigene zu übernehmen. Dies erfolgte mitunter auch unter Anpassung der Aussprache, wenn z.B. der Buchstabe "H" vorkam, der im Russischen entweder als *г* (g) oder *х* (k h) wiedergegeben wird. Mit der russischen Variante meines Vornamens (*Hermann* wird zu *Герман*) kann ich ganz gut leben. *Герман* ist ein verbreiteter Vorname in Russland. Es gibt einen entsprechenden Namenstag und einen gleichnamigen Heiligen der orthodoxen Kirche. Etwas "problematisch" ist jedoch die auch von den russischen Behörden und Konsulaten angewandte Transliteration des Namens unter Verwendung des *х* als *Херман*. Mir war anfangs nicht ganz klar, warum mancher Zollbeamte oder Milizangehörige beim Kontrollieren meines Passes mitunter eine plötzlich aufkommende Heiterkeit nur schwer verbergen konnte und die begonnene Kontrolle des Reisegepäcks an der Grenze sehr rasch aufgab. Später erfuhr ich, dass es mit dem russischen Wort *хер* zusammenhing, welches in russisch-deutschen Wörterbüchern nicht enthalten ist und als nicht unbedingt salonfähiger Begriff des "Mannes bestes Stück" bezeichnet.

Nicht immer ist der fremde Ursprung eines Wortes auf den ersten Blick erkennbar. Lange Zeit rätselte ich zum Beispiel über die Herkunft des russischen Wortes für "Bahnhof" (*вокзал*) und hätte kaum vermutet, dass dieses Wort nicht russischen Ursprungs ist. Im slawischen Sprachraum konnte man beim Aufkommen der ersten Eisenbahnen (im Russischen Reich erbaute man 1837 die erste Bahnlinie zwischen St. Peterburg und dem 27 Kilometer entfernt liegendem Zarenschloss in Pavlovsk) im 19. Jahrhundert nicht auf ein entsprechendes Wort zurückgreifen. Da der erste Bahnhof vom Baustil her sehr an die *Vauxhall* in London erinnerte, wurden ab dieser Zeit alle Bahnhöfe so bezeichnet. Die Aussprache des Wortes veränderte sich geringfügig, aus Vauxhall wurde vokzal (*вокзал*). Die anderen slawischen Sprachen gingen beim Wort "Bahnhof" andere Wege: so wird im Bulgarischen neben *гара* (von französisch *Gare*) das Wort *станция* für "Bahnhof" oder "Station" verwendet. Übrigens bedeutet *зал* im Russischen sowohl "Saal" als auch "Halle", in Verbindung mit Adjektiven kann eine Vielzahl von Räumlichkeiten (vom Schlafzimmer, einer Turnhalle, bis zum Wartesaal etc.) bezeichnet werden.

Ebenfalls interessant ist die Geschichte des Wortes *бистро*, das im modernen Russisch einen Imbiss mit Ausschankgenehmigung und mehr oder weniger zahlreichen Sitzgelegenheiten beschreibt. Die genaue Wortherkunft war mir nicht bekannt, jedenfalls brachte ich das Wort ursprünglich mit Frankreich in Verbindung. Man kann jedoch sagen, dass das "Bistro" nach Russland zurückkam, als Anfang der 90er Jahre im postsowjetischen Russland in den Städten an vielen Straßenecken die Bistros und Imbiss-Kioske wie Pilze nach dem Regen aus dem Boden sprossen - kannte man doch bis dahin überwiegend die *столовая* als eine Art preiswerte Gaststätte bzw. Kantine oder Mensa. Die Geschichte zum Bistro ist kurz erzählt: Nach Napoleons Niederlage 1813 wurde Frankreich von russischen Truppen besetzt, welche Gefallen am dortigen Wein und Kognak fanden und in den dortigen Schankwirtschaften eben diesen forderten. Mangels Sprachkenntnissen erfolgte dies durch entsprechende Gesten, des starken Durstes wegen jeweils begleitet von dem russischen Wort *быстро!* (russ. bystro, "schnell", "rasch", "flink"). Dieses Wort gab später dem "Bistro" seinen Namen.

So manche Speisenbezeichnung in den Restaurants (*ресторан*) wird uns nicht unbedingt russisch vorkommen. Viele Begriffe aus dem Bereich der Gastronomie stammen aus fremden Sprachen. Wer allerdings hinter der *котлета* ein Kotelett vermutet, liegt knapp daneben: man bekommt eine Fleischspeise serviert, die mit unserer Frikadelle vergleichbar ist. Andere Wörter fremden Ursprungs sind beispielsweise: *бифштекс, гуляш* (vom ungarischen Wort *hulas*, "Gulasch"), *суп, шницель* oder *шашлык* (das Wort "Schaschlik" ist türksprachigen Ursprungs). Der *кекс* entpuppt sich nicht in jedem Fall als "Keks" im deutschen Sinne, vielmehr handelt es sich um eine süße und oft rosinenartige Backware. Die Rosinen (ganz gleich ob *кишмиш* oder *изюм*) sind ebenfalls mittelasiatischer Herkunft. Neben mehreren Gourmet-Speisen und kulinarischen Internationalismen, wie z.B. Languste (*лангуст*) oder Trüffel (*трюфель*) etc., sind uns auch einige profundere Speisen oder Zutaten beim zweiten Hinsehen ziemlich vertraut: als *шпик* (deutsch "Speck", polnisch *szpik*) wird Schweinespeck bezeichnet, "Schmalz" ist *смалец*, das Wort *картофель* verstehen auch des Russischen Unkundige. Neben *картофель* existiert noch das umgangssprachliche Wort *картошка*. Eine sehr schmackhafte Speise ist *голубец* (eine Art Kohlroulade), jedoch besteht trotz Wortstammgleichheit kein näherer Bezug zur *голубь* ("Taube") - die Kohlrouladen enthalten überhaupt kein Taubenfleisch (!) - ich hatte anfangs aufgrund der Wortähnlichkeit stets das Gegenteil angenommen.

Die deutsche Sprache stand ebenfalls Pate für *бутерброд* ("Butterbrot"), wobei sich im Russischen - im Gegensatz zum Deutschen - die Besonderheit ergibt, dass ein *бутерброд* nie ohne zusätzliche Präzisierung vorkommt, das russische Butterbrot ist ein belegtes Brot. Bestellte ich in der *столовая* oder in der Theaterpause am *буфет* ("Büfett") ein *бутерброд*, erhielt ich stets die Gegenfrage "*с чем?*" ("mit was? "). Nach einiger Zeit hatte ich gelernt, dass man die Bestellprozedur abkürzen konnte, indem man je nach Angebot gleich mit Wurst (*с колбасой*) oder mit "rotem Fisch" (Lachs, *с красной рыбой*) bestellte. Gewöhnungsbedürftig: Auch das einfach mit Butter bestrichene Brot, quasi ein deutsches Butterbrot ohne Aufschnitt wird in Russland als Butterbrot mit Butter (*бутерброд с маслом*) bezeichnet.

Scheuen Sie sich nicht, in das Kaufhaus oder Lebensmittelgeschäft ein Wörterbuch mitzunehmen! Ein Kollege, der für Silvester einige Dosen schwarzen Kaviar (*чёрная икра*) kaufen und mitbringen sollte, hatte sich jedenfalls nur das Wort *икра* gemerkt - die für schwarzen Kaviar zu einem verdächtig niedrigen Preis erstandenen Dosen beinhalteten allerdings *кабачковая икра* und *икра из баклажана*. Weder war erstgenannter von einer sehr seltenen Lachsart noch die zweite Sorte aus der Republik Baklashanien - es handelte sich schlicht und einfach um (schmackhaften) *Caviar d´aubergines*, zu Deutsch: pürierte Zucchini und Auberginen (*баклажан*).

Einige Wörter, denen wir heute noch in Russland begegnen, gelangten von Deutschland via Polen nach Russland, wobei die polnische Sprache das Wort erst aufnahm und es im Verlaufe der Zeit in östlicher Richtung weiterreichte. Beispiele dafür sind der deutsche "Bäcker" (polnisch *piekarz*, russisch *пéкарь*), die "Bäckerei" (polnisch *piekarnia*, russisch *пекáрня*, "Bäckermeister" russisch *мáстер-пéкарь*). Bis zur Oktoberrevolution (1917) hatten von Deutschen betriebene Bäckereien im damaligen St. Peterburg eine marktbeherrschende Rolle inne. In Russland ließen sich besonders nach dem Vaterländischen Krieg von 1812 viele deutsche Bäcker nieder. Die Qualität des Brotes bzw. neue Brotsorten und Rezepte fanden großen Anklang und die russischen Bäcker mussten sich stark ins Zeug legen, um ihren Stand zu wahren. Die Brotpreise wurden damals per Zarenanordnung festgelegt, bereits Zar Peter der Große hatte 1725 festgelegt, dass Brot "in allen Städten zu mäßigen Preisen" an das Volk abzugeben sei.

Das deutsche Backgewerbe muss allerdings schon vor Jahrhunderten die slawischen Völker beeindruckt haben, auch in andere slawische Sprachen (z.B.: *pekar, pekarstvi* im Tschechischen) wurde das Wort entlehnt. Auch der schon erwähnte *рыцарь* ("Ritter") fand seinen Weg während der Zeit des Deutschritterordens im heutigen Nordpolen über die polnische Sprache (polnisch *rycerz*) nach Russland. Bei den Entlehnungen kam es oft zu Vokalveränderungen, so dass man auf den ersten Blick nicht sieht, dass eine (viereckige, backblechähnliche, wannenförmige) Bratpfanne (russisch *противень*) nach Russland ebenfalls von Deutschland über Polen (polnisch *brytwana*) "importiert" wurde. Manche Worte "schafften" es nur in das Ukrainische und drangen nicht bis in die russische Sprache vor wie z.B. der "Zucker" (polnisch *cukier*, ukrainisch *цукр*).

Die Anzahl der in übrigen Bereichen eingeführten deutschen Wörter ist erheblich, sie würden ein mehrere tausend Wörter Umfang fassendes Wörterbuch füllen und reflektieren deutsch-russische historische Traditionen. Anhand der Wörter kann man in etwa abschätzen, wann sie in die russische Sprache übergingen: *парикмахер* (russisch für "Frisör", "Perückenmacher") oder *шуцман* ("Schutzmann", Polizist in früheren Zeiten) müssen vor langer Zeit entlehnt worden sein. Letzteres ist bereits im Russischen nicht mehr gebräuchlich, der *парикмахер* lebt jedoch in der aus dem deutschen Wort abgeleiteten russischen Bezeichnung *парикмахерская* ("Frisörsalon") weiter.

Mit den deutschen Einwanderern kamen Wörter wie *полтергейст* ("Poltergeist") oder *шайтан* ("Scheitan", sinngemäß "Satan"), *вундеркинд* ("Wunderkind"), *ландшафт* ("Landschaft"), *фейерверк* (sprich "Fejerwerk" für Feuerwerk), *кучер* ("Kutscher") oder *рюкзак* (sprich "Rjuksak" - der Rucksack) mit und sicherlich auch die Kegelbahn (russ. *кегельбан*). Im Gegensatz dazu gelangten *штрейкбрехер* ("Streikbrecher"), *гастарбейтер* ("Gastarbeiter") und die *цейтнóт* ("Zeitnot") erst zu späteren Zeiten nach Russland. Letztendlich ist die Geschichte der deutschen Lehnwörter eng mit der Historie der deutschen Einwanderer verwoben. Bereits Ende des 16./Anfang des 17. Jh.s existierte in Moskva eine deutsche Siedlung (*немецкая слобода*), welche sich unweit der Vorstadt der Holländer und anderer westeuropäischer Ausländer befand. Bei den Deutschen handelte es sich zunächst überwiegend um Handwerker, Kaufleute, Ärzte und Gelehrte - letztere waren maßgeblich im Dienste des Zaren und der 1724 gegründeten Akademie der Wissenschaften tätig.

Einer der bekanntesten deutschen Wissenschaftler war der deutsche Arzt Georg Wilhelm Steller (1709 bis 1746), der nach seinem Studium in Halle und Leipzig nach Russland ging und im Auftrag der Russischen Akademie der Wissenschaften einen Großteil der sibirischen Flora und Fauna beschrieb und an der Großen Nordischen Expedition nach Kamtschatka unter dem in russischen Diensten stehenden dänischen Kapitän Vitus Bering teilnahm. Er sah Deutschland nie wieder, starb 1746 auf der Rückreise in der sibirischen Stadt Tjumen.

Die Entdeckung Sibiriens sowie die Entwicklung des Bergbaus und bestimmter Handwerkszweige wurden durch Deutsche in großem Maße beeinflusst. Anfang des 18. Jahrhunderts lebten im Russischen Reich bereits 100.000 deutsche Menschen.

Gegen Ende des 18. und Anfang des 19. Jahrhunderts gelangte nochmals ein großer Schwall deutscher Aussiedler und Bauern als Kolonisten nach Russland. In den Jahren von 1764 bis 1774 wurden im Gebiet der Wolga in der Umgebung der russischen Stadt Saratow bereits mehr als 100 Siedlungen und Kolonien gezählt. Der Zustrom setzte sich unter der Zarin Ekaterina II. und später unter Aleksandra I. fort, die Neuankömmlinge erhielten steuerliche Vergünstigungen für 30 Jahre und wurden zeitweilig vom Wehrdienst befreit. Längst reichte das Land um die Wolga nicht mehr aus und die Einwanderer verteilten sich bis zu den dem Schwarzen Meer vorgelagerten Steppen und der Halbinsel Krim, später bis in den Kaukasus. Eine gewisse Rolle spielten auch die Religionsflüchtlinge aus deutschen Landen, wie z.B. die Mennoniten aus Preußen, die zwischen 1855 und 1870 Zuflucht in Russland fanden.

Weitgehend bekannt aufgrund vieler Bücher, Dokumentationen und Filme ist die traurige russisch-deutsche Geschichte der Verbannung der Deutschen, der Liquidierung der deutschen Siedlungen im Wolgagebiet, der Zwangsumsiedlung und aller damit verbundenen Widrigkeiten in der Kriegszeit (2. Weltkrieg) und in den Jahren der stalinistischen Repressionen. Die Wolgadeutschen hatten ihren eigenen deutschen Dialekt, den man in Russland auch heute noch bei den Angehörigen der älteren Generation finden kann, zunehmend seltener natürlich, der sich bei den jüngeren Generationen und den nach Deutschland übersiedelten Angehörigen dieser Volksgruppe aber immer mehr verliert. Wir verdanken Edmund Imherr eine schöne Sammlung von mundartlichen Gedichten, Liedern und Reimen sowie eine Zusammenstellung der wichtigsten im Dialekt an der Wolga gebräuchlichen Wörter - er bewahrte sie in seinem interessanten Werk "Verschollene Heimat an der Wolga" (Herausgegeben von der Landsmannschaft der Deutschen aus Russland e.V., Stuttgart 2000) der Nachwelt. Weniger bekannt in Deutschland ist der Grund der russischen Bezeichnung des Deutschen als *немец* (und wbl. *немка*). Das Wort leitet sich direkt vom russischen Wort *немой* ab, welches "stumm" bedeutet - die deutschen Siedler der ersten Generationen hatten zumindest anfänglich erhebliche Probleme beim Erlernen der russischen Sprache.

Die erste Ansiedlung europäischer Ausländer in Moskau entstand 1580 vor den Toren der Stadt (die Ausländer wurden aufgrund ihres katholischen Glaubens als "Ketzer" angesehen und durften nicht innerhalb der Stadtmauern siedeln) als "Vorstadt der Stummen". Gegen 1670 wohnten in der deutschen Siedlung etwa 2.000 Bewohner.

Deutsche und russische Sprichwörter

Ähnlich wie im Deutschen verkörpern im Russischen Sprichwörter (*пословицы*) im Volk vor langer Zeit gemachte Erfahrungen. Die Sprichwörter haben oft belehrenden Charakter und vermitteln ethische Wertvorstellungen, sie sind Spiegel der russischen Mentalität und resultieren aus den geschichtlichen und sozialen Gegebenheiten des Landes. Beim Vergleich russischer und deutscher Sprichwörter kristallisiert sich heraus, dass es eine große Gruppe von Sprichwörtern mit identischer Aussage auf beiden Seiten gibt. Ein Teil der Sprichwörter kann als Entlehnungen aus dem Deutschen betrachtet werden und fand nach der Weitergabe auf schriftlichen oder mündlichen Weg Eingang in den russischen Sprachgebrauch. Ein anderer Teil hat des Vorkommens in verschiedenen europäischen Sprachen wegen durchaus gesamteuropäischen Charakter.

С волками жить - по-волчьи выть.
Wer mit den Wölfen lebt, muss wie ein Wolf heulen. Dieses Sprichwort hat im Deutschen eine ähnliche Entsprechung.

Einige Sprüche sind lateinischen Ursprungs und gelangten im Mittelalter nach Russland, wobei die deutsche Sprache als Mittler diente, wie z.B. folgendes Sprichwort: *Cornix cornicem oculos non cavat. Eine Krähe hackt der anderen kein Auge aus.* *Ворон ворону глаз не выклюет.* Der Vergleich des Sprichwortschatzes verschiedener Völker zeigt, wie nah sich die Menschen unterschiedlicher Nation im Denken und Fühlen sein können.

Vom Sprichwort, das grammatikalisch als vollständiger Satz erscheint, ist die Redensart (*поговорка*) abzugrenzen, welche anstelle einer Aussage nur einen bildlichen Vergleich, eine Metapher, darstellt. Sprichwörter sind auch im Russischen mitunter in rhythmischer Reimform aufgebaut.

Die ältesten russischen Sprichwörter erlauben einen Rückschluss auf das Brauchtum und althergebrachte Sitten. Historisch gesehen war der Bauernstand in Russland die Hauptquelle der Sprichwortdichtung und -weitergabe. Oftmals liegt den Sprüchen eine biblische bzw. religiöse Quelle zugrunde, wie z.B.: *Без Бога ни до порога.* (sinngemäß: "Ohne Gott keinen Schritt"). Bedeutsam in der historischen Entwicklung ist der Effekt, dass bestimmte archaische Sprichwörter in Russland nach der Oktoberrevolution 1917 durch neue, den damaligen Wandel entsprungene, moderne Sprichwörter abgelöst wurden, wie z.B.: *Трудно богу с нами, рай на земле мы строим сами.* (sinngemäß: "Gott hat es mit uns nicht leicht, denn das Paradies auf Erden schaffen wir uns selbst").

Как сколько волка ни корми, он все в лес глядит.
Egal, wie viel man einen Wolf füttert - er wird sich dennoch zum Wald hinsehnen. Das russische Sprichwort ähnelt dem deutschen Sprichwort: "Die Katze lässt das Mausen nicht."

Es wäre falsch zu behaupten, dass die deutsche Sprache weniger reich an Sprichwörtern sei als das Russische. Jedoch trat im Deutschen die Verwendung der Sprüche in den letzten 300 Jahren immer mehr in den Hintergrund. Die eigentliche Blütezeit des deutschen Sprichwortes ist vorbei, viele deutsche Sprichwörter existieren heute nur noch in von Philologen sorgfältig aufgestellten Sammlungen und wirken des Wortschatzes wegen veraltet, wie z.B.: *Armen geben armet nicht.*

Die Parömiologie, ein Wissenschaftszweig der Sprachwissenschaft, beschäftigt sich mit der Analyse und dem Vergleich von Sprichwörtern. In Russland sind sehr viele alte Sprichwörter, Redensarten und Redewendungen weiterhin in Verwendung und wirken verschönernd-belebend auf die Alltagssprache.

Während im Deutschen seit Ende des 19. Jahrhunderts bzw. Anfang des 20. Jahrhunderts nur eine Handvoll neuer Sprichwörter Eingang in die Sprache fand, wurden im 20. Jahrhundert viele Sprichwörter durch Entlehnung aus europäischen Sprachen, vor allem aus dem Deutschen, in das Russische eingeführt. Dies erfolgte überwiegend auf literarischem Wege in Form von Übersetzungen ausländischer Werke.

Selbst dem sprachgewandtem und viel korrespondierendem Lenin ist nachweislich die Etablierung mehrerer deutscher Sprichwörter im Russischen zu verdanken, wie z.B.: *Aufgehoben ist nicht aufgeschoben* - *Что отсрочено, не потеряно.*

Viele Sprichwörter sind durch den Gebrauch derart bekannt und geläufig, dass sie von Muttersprachlern oft in reduzierter oder modifizierter Form angewandt werden, was mitunter auch für den Ausländer mit sicheren russischen Sprachkenntnissen zu Schwierigkeiten führen kann, wenn die Grundform abgekürzter Sprichwörter nicht bekannt ist. So verbirgt sich z.B. hinter dem kurzem (mitunter als Überschrift in Zeitungsartikeln oder als Benennung von Radiosendungen etc. gebrauchten) Fragment *Со своим самоваром* (wörtlich: "Mit dem eigenen Samowar") das vollständige russische Sprichwort *В Тулу со своим самоваром не ездят* ("Man fährt nicht nach Tula mit dem eigenem Samowar").

Ist das eigentliche Sprichwort nicht bekannt, kann der Ausländer auch bei korrekter Übersetzung der abgekürzten Phrase wenig damit anfangen. Ansonsten ist die Bedeutung des Sprichwortes jedem sehr rasch zugänglich, dem bekannt ist, dass die 200 Kilometer südlich von Moskva gelegene altrussische Stadt Tula (erste schriftliche Erwähnung 1146) für lange Zeit das Zentrum der Samowar-Produktion in Russland war. Sinngemäß kann man das Sprichwort im Deutschen mit *Man braucht nicht Eulen nach Athen zu tragen* wiedergeben.

Die Beschäftigung mit Sprichwörtern in einer Fremdsprache birgt wesentliche Vorteile für den Ausländer. Einerseits fällt das Erschließen von Texten (auch Tageszeitungen mit ihren oft reißerischen Überschriften) viel einfacher, wenn die häufigsten sprichwörtlichen Redensarten bekannt sind. Andererseits verkörpern die am häufigsten verwandten Sprichwörter auch die am gebräuchlichsten syntaktischen Konstruktionen, welche sich bei Erlernen des Sprichwortes recht einfach aneignen lassen.

Obschon bereits mehrere hundert bis eintausend fremdsprachige Wörter eine Verständigung auf minimal bis mittleren Niveau ermöglichen (Minimalwortschatz), gibt es auch einen minimalen Fundus von Sprichwörtern und volkstümlichen Redensarten, welche zur Beherrschung des Russischen erforderlich sind. Allein die 200 am weitesten verbreiteten Sprichwörter enthalten weit über 1.000 häufig benutzte Vokabeln.

Книга, книжка, книжечка ... - Buch, Büchlein

Bei der Bildung von Verben kommen in der russischen Sprache häufig Präfixe (dt. Vorsilben) zur Anwendung. Bei Kenntnis der wichtigsten Präfixe können aus "einfachen" Verben recht leicht neue Verben abgeleitet werden. Wichtige Präfixe sind u.a.: *пере-* ("um-", "über-"), *о-* oder *об(о)-* ("um-", "herum-"), *по-* ("los-", "etwas-"), *раз-* und *рас-* ("zer-", "auseinander-", "ent-" u.a.). Mit zehn bis fünfzehn Grundverben und einer Handvoll russischer Präfixe kommt man umgangssprachlich schon recht weit. Von *менять* ("tauschen") kommt man über ***по**менять* (ein wenig oder etwas tauschen) und ***раз**менять* ("wechseln", "austauschen", aber auch im Sinne von "verschleudern") zu ***пере**менять* ("auswechseln", "umtauschen") oder ***за**менять* ("ersetzen", einspringen für jemanden, "austauschen"). Es bedarf nur der angemessenen Einwirkung umgangssprachlicher Atmosphäre, um festzustellen und zu lernen, wann man welches Wort wo einsetzen muss. Nach einigen Stunden im Speisewagen der russischen Bahn während der mehrtägigen Fahrt auf der Strecke *Москва - Иркутск* (Moskva - Irkutsk) hatte ich dank des Kellners weitestgehend begriffen, mit welchem der verschiedenen *-менять* man sprachlich denn nun Geld, Unterhemden, Mädchen oder sonst etwas tauscht.

Bei Substantiven ist die Bildung durch Zusammensetzung aus zwei Wörtern zwar vorhanden, aber nicht so häufig wie im Deutschen. Zwischen den zwei Wörtern wird als Verbindung oft ein "o" eingeschoben: *сам**о**вар* ("Samowar", wörtlich "Selbstkocher"), *пар**о**воз* ("Dampflokomotive", wörtlich "geht durch Dampf"), *суд**о**техник* ("Schiffstechniker") oder *аэропорт* ("Flughafen", "Airport"). Gelegentlich (aber nicht immer) werden die Wortteile auch durch einen Bindestrich getrennt geschrieben: *вагон-ресторан* ("Speisewagen").

Hinter den sogenannten Kurzwörtern können sich wie im Beispiel von *ЗапСибТрансМашКом* Wortungetüme wie "Westsibirisches Transportmaschinen-Kombinat" verbergen. Auch die Berufsbezeichnung der Krankenschwester (*медсестра*) oder einer ambulanten medizinischen Behandlungseinrichtung (*медпункт*) sind durch Zusammensetzung entstanden. Ebenfalls wird auf fremde (z.B. deutsche) bereits bestehende zusammengesetzte Wörter zurückgegriffen: *блицкриг* [blizkrig] für Blitzkrieg, *блицтурни́р* [blizturnir] für Blitzturnier usw.

Sehr gebräuchlich ist im Russischen die Wortbildung von Substantiven mittels der Ableitung durch Suffixe. Das heißt, dass mit Hilfe von Suffixen (dt. Nachsilbe) neue Wörter (Substantive) von anderen Substantiven, Verben oder Adjektiven hergeleitet werden. Eine große Gruppe stellen dabei die Suffixe wie *-тель, -щик, -чик, -ик, -ист* u.a. dar, welche zur Bildung von Wörtern, die Personen näher bezeichnen verwendet werden, wie folgende Beispiele verdeutlichen:

учи́ть (lehren) + Suffix *-тель*	*учи́тель* ("Lehrer")
трактор (Traktor) + *-ист*	*тракторúст* ("Traktorist")
танк (Tank/Panzer) + *-ист*	*танкист* ("Panzersoldat, -fahrer")

Berufsbezeichnungen können auch aus sinnvoll verwendbaren Substantiven mittels der Endsilbe *-(ль)щик* auf relativ einfache Art und Weise gebildet werden: Ein Kältetechniker befasst sich mit dem Kühlschrank (*холодильник*), er wird im Russischen somit als *холоди́льщик* bezeichnet. Die Endsilbe ***-щик*** bzw. die sprachliche Variante -***чик*** findet Anwendung bei der Bildung männlicher Substantive mit konkretem Bezug zu einer Sache, einer Beschäftigung oder einer beruflichen Tätigkeit. Vom Wort *газе́та* [gazjéta], russ. für "die Zeitung" leitet sich das Wort *газе́т**чик*** [gazjétschik], russ. für "Zeitungsmann" (im Sinne von Journalist, Pressereporter) ab. So lassen sich viele Berufsbezeichnungen ableiten: *атом - атомщик*, [atom] - [atomschtschik], Arbeiter der Atom- bzw. Kernforschung, *баня - банщик*, [banja] - [banschtschik], Saunawart, eine Art Bademeister, *компьютер - компьютерщик*, [kompjuter] - [kompjuterschtschik], Computerspezialist, *краситель - красильщик*, [krasitel] - [krasilschtschik], Färbereimitarbeiter, *аппара́т - аппара́тчик*, [apparat] - [apparatschik], Mitarbeiter des Parteiapparates

Kleinere Buchstabenabweichungen können jedoch dem Wort einen völlig anderen Sinn geben, so gelang es mir während einer Zugfahrt einmal den halben Waggon (wir fuhren *плацкартный*, ein 3. Klasse-Schlafwagen mit 81 Bettplätzen ohne abgetrennte Abteilwände) in Heiterkeit zu versetzen: Bei einem Gespräch mit Passagieren übersetzte ich für einen mitreisenden Freund ins Russische, verwandte aber in Unkenntnis für das Wort Gepäckträger oder Lastenträger (mein Freund konnte ohne außer Atem zu kommen zwei große 40kg-Rucksäcke samt Fototasche und Zeltgestänge etc. mit einem Ruck von Bahnsteig 1 zu Bahnsteig 20 bringen und wollte sagen, dass er es dank seiner Kondition mit den russischen Bahnhofs-Lastenträgern allemal aufnehmen könne ...) nicht den richtigen Begriff *носильщик*, sondern bezeichnete meinen Freund als erfahrenen *наси́льник*. Das Lachen unserer Gegenüber hatte mein Freund wohl als Zweifel an seinen Gepäckträgerfertigkeiten gewertet und fügte hinzu, dass er gern beim nächsten größeren Halt seine Fähigkeiten unter Beweis stellen könnte … (wir wurden dann lachend von den Passagieren aufgeklärt, dass dies sicher nicht erstrebenswert sei, denn bei einem *наси́льник* handelt es sich um einen Sexualstraftäter, einen Vergewaltiger - siehe russ. *наси́лие* = "Gewalt").

Vorsicht auch mit dem Wort *лифчик* - es handelt sich keinesfalls um die vom Wort *лифт* ("Lift", "Fahrstuhl") abgeleitete Bezeichnung für den Liftboy oder Fahrstuhlführer. Der Liftboy heißt *лифтёр*. Der *лифчик* (hergeleitet von *лиф*, russ. "Mieder") ist der BH (Büstenhalter), er existiert aber auch noch in Form eines deutschen Lehnwortes: *бюстга́льтер*.

Mit den Nachsilben *-ец, -к(а), - ист* können Personen näher als Angehöriger eines bestimmten Volkes, Landes, einer Stadt oder einer geistigen Richtung zugeordnet werden:

*Украйна - украин**ец***	Ukrainer, Bewohner der Ukraine
*ана́рхия - анарх**ист***	Anarchie, Anarchist

Bei einigen dieser Formen bestehen durchaus Parallelen zur deutschen Sprache, so z.B. bei der Verwendung der Nachsilbe "-ist". Die betreffenden Wörter bleiben leicht im Gedächtnis, die Übersetzung in das Deutsche ist in vielen Fällen einfach. Abstrakte Begriffe werden von Verben abgeleitet mit Hilfe der Suffixe *-ние, -ение* und *-ство* sowie *-ка*. Das ist oft sehr abstrakt, aber nicht unlogisch: Hinter allen russischen Wörtern, welche auf *-ние* oder *-ие* enden (z.B.: *открыт**ие**, явле**ние**, излече́**ние***), verbergen sich stets deutsche Wörter auf "-ung", hier im Beispiel: *Eröffnung, Erscheinung, Ausheilung.*

Oft fällt die wörtlich-korrekte Übersetzung der abgeleiteten Wörter in das Deutsche schwer, selbst wenn der Wortstamm klar erkennbar ist. Das ist zum Beispiel bei den Verkleinerungs- und Koseformen der Fall. In der deutschen Sprache gibt es zu einem Wort (und nicht einmal zu jedem Substantiv) oftmals nur ein bis maximal zwei sinnvoll verwendbare Verkleinerungsformen - viele der deutschen Wörter müssen überhaupt ohne eine solche Diminutiv-Form auskommen. Ganz anders im Russischen: Über die große Anzahl von verniedlichenden und verzärtelnden Begriffen (manchmal gibt es zehn oder mehr Diminutiva!) kann man oft nur staunen. Bedeutungsvoll ist das Suffix *-ка* in diesem Zusammenhang. So können von dem Wort "Fluss" (*река́*) mehrere Verkleinerungsformen gebildet werden, deren Aufzählung sicher nicht vollständig ist: *реч**ка**, речень**ка**, речуш**ка***. Neben dem Buch (*книга*) sind abhängig vom Kontext auch *книж**ка**, книжеч**ка**, книж**ица**, книжон**ка*** usw. in Gebrauch.

Praktisch immer haben die Wörter eine gefühlsmäßige Wertung (*дочь*, die Tochter und ***доченька***, das (liebe) Töchterchen) oder den Ausdruck der Zärtlichkeit bzw. Kleinheit (*берёза*, Birke und ***берёзонька***, die (hübsche, kleine) Birke[9]) inne. Dies wird vor allem durch die Endsilben *-ка, -ик* und *-ок* bzw. *-ёк* (*огонёк* = kleines Feuerchen von *огонь*, Feuer) versinnbildlicht. Weitere Verkleinerungen sind möglich, wenn den bereits verkleinerten Formen entsprechende Adjektive (*крóшечный* für *winzig* (abgeleitet von *крóшка*, russ. für "Krümel") oder das schlichte *малый* bzw. *маленький*, "klein") vorangestellt werden. Das i-Tüpfelchen besteht wohl darin, von diesen vorangestellten Adjektiven einen Komparativ oder Superlativ zu bilden, z.B.: *самая маленькая кни́жка* oder auch *малюсенькая книжечка*.

Der Wortreichtum einiger ostslawischer Sprachen kann zum Teil auf die große Anzahl von Verkleinerungs- und Koseformen zurückgeführt werden. Besonders kommen die Koseformen bei Vornamen zum Tragen, sei es bei den vom eigentlichen Vornamen (z.B.: *Екатери́на - Кáтя, Катюша, Катенька*) abgeleiteten Rufnamen und Kosenamen von (kleinen) Kindern oder bei den durch die Verkleinerung mit einem zärtlichen Ton versehenen Namen von Verliebten (z.B. *Елена - Лена, Леночка, Ленусек, Алёна, Алёнка* etc.).

Sehr vielen Diminutiv-Formen begegnet man auch in poetisch-lyrischen Texten, Märchen und Liedtexten. Als Beispiel sei hier ein Teil des Liedtextes *Полустаночки* des gleichnamigen CD-Albums der populären Gruppe *Любе* angeführt, welches viele interessante Verkleinerungen enthält. Der Name des Liedes *Полустаночки* leitet sich vom Wort *полустáнок* (russ. = eine ganz kleine Bahnstation) ab:

Полустаночки, ночные полустаночки -
Сколько их по родной стране.
Полустаночки, то поле, то поляночки -
Довелось, повидалось мне ...ех

Их не жалуют курьерские вагончики -
Промелькнут, даже не взглянут,
А друзья - все ковыли да колокольчики -
Что ж теперь, что поделать тут ... ой ...

Пой, песню пой, народ, пой,
Пой ... кто ещё живой. Ой ...

Полустаночки, перрончики усталые
От дождей, от ветров лихих.
Беззащитные они, что дети малые,
Никому дела нет до них ... Нет ...
Но не смолкнуть здесь отчаянной тальяночке,
Ни за что, ни в каком году.
Как-нибуть на безызвестном полустаночке,
На ночном я сойду-сойду ... ой ...

Neben dem Ausdruck der Verkleinerung, der Liebe oder ähnlicher Koseformen gibt es auch Suffixe, welche dem entstandenen Wort einen wertenden Ausdruck (z.B. der Verachtung oder Schlechtigkeit) verleihen. Es handelt sich um die Suffixe *-úшк(а), -úшк(о),-óнка* oder auch *-ёнк(а)*, wie folgende Beispiele verdeutlichen: ***городúшко*** (sinngemäß elendes Städtchen, "Nest" im abwertenden Sinne, von *город, Stadt*), ***лошадка, лошадёнка*** (sinngemäß elendes, evtl. auch krankes Pferd, "Schindmähre", von ***лошадь**, Pferd*) ***бумажóнка*** (ein "Wisch", einfach ein Fetzen Papier, von *бумага/"Papier"*).

Russische Märchen und Mythen

Obschon es zwischen deutschen und russischen Märchen mehrfache Parallelen gibt (einige Märchen kommen in fast identischer oder zumindest sehr naher Art in beiden Sprachen vor, wie z.B. die Analogie zwischen dem der deutschen "Frau Holle" und dem russischen "Väterchen Frost"-Märchen zeigt; einige Märchenfiguren gibt es sowohl im Russischen als auch im Deutschen: der "Dumme Iwan" entspricht z.B. dem deutschen "Hans im Glück", auch wurden die Märchensammlungen der Gebrüder Grimm oder Hauffs Märchen in das Russische übertragen), wird der Leser auch fremdartigen und archaischen Charakteren begegnen. In den alten russischen Volksmärchen trifft man fantastische Gestalten, wie die Hexe Baba-Jaga[10] (*баба-яга*), den unsterblichen Zauberer Koschtschej (кощей), fremdartige Knochenmänner, den Leschij (леший) und seinen Schaitanen und andere böse und gute Waldgeister, seltene Tiere, wie den Feuervogel, den Drachen Gorynitsch (Горынич) oder Menschen, die sich in Tiere verwandeln (und umgekehrt).

Insgesamt lassen sich diese Charaktere bereits im Mittelalter um das 13./14. Jh. finden. Die ersten schriftlichen Nachweise über Märchen datieren bereits aus der Zeit der ersten Jahrtausendwende (Kiewer Rus), die Anfänge liegen jedoch viele weitere Jahrhunderte zurück in grauer Vorzeit. Die Märchen wurden nicht nur im einfachen Volk von Generation zu Generation weitergegeben. Überlieferungen berichten beispielsweise auch davon, dass Zar Iwan IV., auch bekannt als Iwan der Schreckliche (1530 bis 1584), nicht ohne Märchen einschlafen konnte.

Weite Verbreitung im Lande fanden die Erzählungen durch fahrende Erzähler und Komödianten, sogenannte Skomorochen[11], welche anderswo gehörte Sagen, Mythen und Erzählungen weiterberichteten, gelegentlich auch etwas ausschmückten und ergänzten. So entstanden aus oft wahren Begebenheiten Abenteuermärchen, eine der wichtigsten Märchen-Gattungen, welche von Königen, Zaren, Helden (bekannt ist die historisch belegte Märchengestalt des Recken Ilja Muromez), Soldaten, wandernden Handwerkern, Reisen in ferne Länder und schweren, schier unlösbaren, Aufgaben durch den oder die Märchenhelden künden. Ein häufig anzutreffendes Merkmal ist die dreimalige Wiederkehr einer bestimmten Situation oder zu lösenden Problematik durch den Helden oder der Aspekt des "Wartens auf ein Wunder" oder des Wartens bis zum aller-allerletzten Moment. Auch der schon genannte russische Recke Ilja Muromez wartet sinnbildliche 33 Jahre auf dem russischen Ofen liegend bis zum letzten Moment und vernichtet die Feinde dann mit einem Male.

Außer Abenteuermärchen sind Tiermärchen sehr häufig. Neben dem Bär treten alle anderen wichtigen Waldtiere auf. Nur das Einhorn kommt in russischen Märchen scheinbar nicht vor. Wahrscheinlich ist das Tiermärchen von allen Märchengattungen die älteste. Ihre Ursprünge reichen weit zurück in die Zeit der Jäger und Schamanen und stehen im Zusammenhang mit vorzeitlich-magischen Mythen der Jagdbeschwörung.

In den Mythen anderer Völker des heutigen Russlands spielen auch weitere Tiere mit: bestimmten Vögeln, wie Rabe oder Kuckuck, wird in der jakutischen Mythologie eine schicksalbestimmende Bedeutung zugeschrieben; große Bedeutung hat das Pferd bei den Burjaten oder den Bewohnern des Altai. In den russischen Märchen wird das Tier mitunter auch zum Helfer des Menschen, wie zum Beispiel der Hirsch im Märchen "Der Hirsch mit dem goldenen Geweih" oder der Hecht im Märchen "Auf des Hechtes Geheiß" (*По щучьему велению*).

Noch heute sind diese Mythen bei manchen Völkern Westsibiriens lebendig, wie Carolin Grosse im Reisehandbuch "Sibirien"[12] über die Chanten, Mansen und Nenzen schreibt: "Manche Tiere sind heilig. Größte Bedeutung für die meisten sibirischen Völker hat der Bär. Man schreibt ihm menschliche Eigenschaften zu. Er hat ganz viele Namen, da man seinen richtigen nicht aussprechen darf. Seine Jagd kann nur unter Einhaltung vielfältiger Vorschriften erfolgen. Zum Beispiel muss der Bär angesprochen werden, bevor man auf ihn schießt. Auf dem Heimweg werden ihm Geschichten erzählt und Lieder gesungen, um sich zu entschuldigen und um ihn zu verwirren und den Namen des Jägers zu verheimlichen. Das Bärenfest ist ein bedeutendes Ereignis für die Familie und Nachbarn, es dauert mehrere Tage, wobei der Bär bewirtet und mit Tänzen und Gesängen unterhalten wird. Am letzten Tag wird seine Seele in den Himmel geleitet."

Die Tiermärchen haben einen weit zurückgehenden und tiefen historischen Hintergrund, auch wenn sie heute überwiegend als Märchen oder Gutenachtgeschichte für Kinder fungieren.

Neben den Tier- und Abenteuermärchen existiert noch die Gattung der Volksmärchen, welche auf die sozialen Unterschiede zwischen den armen landlosen Bauern und Leibeigenen und der Oberschicht der reichen Kaufleute, Bojaren und Fürsten hinweisen. Die Volksmärchen geben alltägliche Situationen wieder und kritisieren schlechte Eigenschaften wie Raffgier oder Faulheit, Tugenden wie Fleiß, Ehrlichkeit und Hilfsbereitschaft werden gelobt. Diesen Märchen kommt im Wesentlichen ein erzieherischer Aspekt zu.

Unter den vielen Legenden, die in alten russischen Chroniken überliefert sind, nehmen Geschichten über Nowgorod, die freie Stadt der Kaufleute (10. bis 15. Jh.) einen besonderen Platz ein. Die Erzählungen vom erfolgreichen Nowgoroder Abenteurer Sadko bilden die Grundlage mehrerer Märchen und einer Oper ("Sadko") von Rimski-Korsakow.

Bekannte Sammler und Herausgeber russischer Märchen waren Alexander Afanasjew (1826 bis 1871), dem die größte Märchensammlung zu verdanken ist oder Alexej Remisow (1877 bis 1957). Remisows Werk wurde von Maxim Gorki treffend als "lebendiges Laboratorium der russischen Sprache" bezeichnet. Remisow verwendete oft ausgefallene, teils altrussisch-archaische Wörter und nutzte das Altrussische als ständige Quelle der Inspiration für seine Werke. Auch der große russische Poet Alexander Puschkin (1799 bis 1837) wandte sich gelegentlich Märchenthemen zu; seine Märchen in Versform wurden inspiriert von früheren Erzählungen seiner Amme Arina Rodionowna. Zu den modernen Märchenschreibern gehörten Kornej Tschukowskij ("Doktor Aibolit", "Moidodir", "Telefon" u.a.) oder Aleksander Wolkow. Der Künstler Vladimir Suteew ist sehr bekannt durch die schönen Illustrationen von Märchenbüchern.

Ilja Muromez (Илья Муромец), ein bekannter russischer Volksheld, kämpfte gegen Räuber und die Tataren sowie für die Gerechtigkeit. Er ist wirklich die einzige Sagengestalt, die von der russisch-orthodoxen Kirche heiliggesprochen wurde. Seine sterblichen Überreste ruhen mumifiziert im Kiewer Höhlenkloster und können dort besichtigt werden.

Die russischen Märchen übten zu allen Zeiten Einfluss auf die Erziehung aus und erfreuten sich zu allen Epochen allgemeiner Beliebtheit. Zum kulturellen Erbe der russisch-sowjetischen Filmkunst gehören Märchenfilme wie der bekannte Film "Feuer, Wasser und Posaunen" (*Огонь, вода и медные трубы*) oder "Die schöne Wassilisa" u.a., die man auch in Deutschland (teilweise synchronisiert oder mit Untertitel) auf Video oder DVD bekommen kann. Russische Volksmärchen gibt es auch in Buchform[13].

Von Tier zu Tier ...

Ein Zitat aus dem "Sibirien"-Textbildband[14] des Schweizer Reisenden Peter Eichenberger sei hier sinngemäß wiedergegeben: "... Zu Gitarrenklängen singen wir ewenische, russische und Schweizer Lieder. Wir stimmen auch das Lied vom alten Bauern McDonald und seiner Tierfarm an und fordern die Kinder auf, den Refrain mitzusingen. Doch schon bei der ersten Strophe schauen Sie uns fragend an. Was denn das für ein Tier sei, das >Wau-Wau< macht, fragen sie. Unsere Erklärung: ein Hund, hilft nicht weiter: Ein Hund macht doch nicht >Wau-Wau<, sondern >Gaff-Gaff<."

Wie das eben genannte Beispiel zeigt, scheinen sich auch die Tiere in Russland anders zu "äußern" bzw. andere Tierlaute zu produzieren. Wollen wir der auf

den ersten Blick vielleicht nicht ganz ernst gemeinten Frage auf den Grund gehen, ob der Hahn in Russland anders kräht.

In der Tat gibt es im Russischen keine typische verbale Tierlautbezeichnung für den Hahn, wie zum Beispiel das deutsche Verb "krähen". *Петух поёт*, der (russische) Hahn *singt*. Alle Vögel (biologisch gehört der Hahn zu den Vögeln) "singen" (*петь*).

In der russischen Sprache gibt es noch das Wort *кукарекать*, das allerdings nicht mit "krähen" gleichgesetzt werden kann, sondern vielmehr in imitierender Form den Tierlaut darstellt. Im Gegensatz zum "deutschen" Hahn weckt der russische Hahn die Dorfbewohner nicht mit "Kikeriki", sondern mit "Kukareku" ...

Почему петух поёт всю жизнь?
Потому что у него много жён и ни одной тёщи.

(Sinngemäße Übersetzung der Frage mit Antwort: "Warum singt der Hahn zeitlebens?" "Darum, weil er so viele Frauen hat, aber nicht eine einzige Schwiegermutter.")

Eine x-beliebige Dorf- oder Hauskatze wird einen bestenfalls nur verstört ansehen oder gar Reißaus nehmen, wenn wir versuchen sie mit dem deutschen "Miez, Miez" zu locken. Aber: fast alle Katzen in Russland reagieren sofort mit Interesse und Zuwendung, werden sie mit *кисс-кисс* ("kiss-kiss") gerufen.

Auch bei einem etwas aufdringlichen Tier können wir dasselbe nur mit dem russischen *Брысь!* ("briz") oder *Шасть!* bzw. *Прочь!* (russ. "Weg, fort! ") versuchen, auf Distanz zu halten, weil es auf "Husch! Weg! " nicht wünschenswert reagieren wird. Aber das wird höchstens bei verwahrlosten, streunenden Hunden der Fall sein, die einen am Bahnhof, auf dem Markt, am Schaschlik-Stand und anderswo nach Nahrung bettelnd umkreisen.

Katzen sind in Russland sehr geschätzte Haustiere und die Russen haben ein ganz besonderes Verhältnis zu ihnen, was sich auch darin zeigt, dass die Katze (*кошка, киска, кóшечка, котёнок* ...) z.B. das am häufigsten vorkommende Tier in Wiegenliedern und Schlafliedern für die ganz Kleinen ist.

In Russland "kauft man nicht die Katze im Sack", sondern den Kater: (*купúть котá в мешкé*). Auch der Aberglaube mit der schwarzen Katze ist bei den Russen nicht unbekannt: Kreuzt die schwarze Katze den Fußweg oder die Straße, geht man lieber einen Umweg.

"Zum Tier werden" im Sinne von durchdrehen, toben wird russisch durch *зверéть* wiedergegeben. Während das Wort *зверь* ein furchteinflößendes

Untier, eine Bestie (auch = *зверюга*) meint, kann es sich bei dem mit dem Wort *зверёк* bezeichneten Tier um ein kleines Tierchen (auch *зверюшка, звер(ь)ка* oder *зверёнок*) handeln, währenddem der Begriff зверёныш eher negativ belegt ist und mit "wild" oder "böse" assoziiert, kann auch als grobes Wort im übertragenen Sinn auf eine Person angewendet werden.

Vorsicht - Fallstricke!

Auf den unbedarften Deutschen, der froh darüber ist, dass es im Russischen eine recht große Anzahl von deutschen Lehnwörtern gibt, mit denen er sein dürftiges Vokabular aufzubessern gedenkt, warten mehrere Fallstricke. Ich habe das selbst erfahren.

Mitunter ruft die Verwendung von in das Russische übernommenen deutschen Wörtern, wie z.B.: *штиль* (wörtlich: die Stille), Verständigungsschwierigkeiten beim Gesprächspartner hervor. Das Wort *штиль* bezeichnet im Russischen nur eine ganz besondere Art von "Stille", es wird praktisch nur im Zusammenhang mit "Windstille" in der Seefahrt verwendet. Ansonsten wird das Wort *тишина́* oder *зати́шье* (im Sinne von "Ruhe", "Stille") benutzt. Auch der *шторм* (Sturm) ist kein allgegenwärtiges Synonym für Winde und Stürme aller Art: er bezeichnet ausschließlich einen Seesturm.

Auch andere Wörter weisen im Russischen entsprechende Einschränkungen der Anwendbarkeit auf. So können wir im Deutschen mit dem Wort "Scheibe" von der Fensterscheibe, der abgeschnittenen Brot- oder Wurstscheibe, der Zielscheibe oder der Unterlegscheibe sprechen. Die *шайба* ("Scheibe") gibt es auch in Russland, das Wort wird dort aber ausschließlich im Sinne einer metallenen Unterlegscheibe oder eines Eishockey-Pucks angewandt (Die Wurstscheiben bzw. abgeschnittene Scheiben eines Lebensmittels werden *ломтик* genannt). Die *штраф* ("Strafe") wird ausschließlich im Sinne der Geldstrafe (*денежное взыскание*) z.B. als einzutreibender Strafzoll für nicht deklarierte, verzollungspflichtige Waren oder als Strafgebühr für Verkehrsvergehen verwendet, nichtmaterielle Strafen werden besser mit dem russischen Wort *наказание* umschrieben.

Das deutsche Wort *блиц* ("Blitz") wird nicht für den Blitz (*молния*) beim Gewitter verwendet, sondern findet nur in zwei anderen Bedeutungen Anwendung: Einerseits als leistungsstarkes Licht bzw. "Blitzlicht" in der Fotografie anderseits im Sinne von *быстрый* ("schnell", "rasch") oder *короткий* ("kurz", "schnell") bei den aus der deutschen Sprache übernommenen Begriffen: *блиц-интервью* (Blitzinterview), *блицкриг* (Blitzkrieg) oder *блицтурнир* (Blitzturnier).

Ein weiteres "Problem" sind die Wörter, welche bei völlig identischer Schreibweise unterschiedliche Bedeutungen haben (in der Sprachwissenschaft werden sie als **Homonyme** bezeichnet). Verkomplizierend ist dabei die Tatsache, dass auch die Betonung der Wörter gleich ist, wie folgende Beispiele zeigen:

брак	Ehe	*брак*	Ausschuss (schlechte Qualität)
ключ	Schlüssel	*ключ*	Quelle
кабачóк	Zucchini	*кабачóк*	(kleine) Kneipe
свет	Welt	*свет*	Licht
мир	Welt	*мир*	Frieden
лук	Zwiebel	*лук*	Kurve, Bogen
пол	Fußboden	*пол*	Geschlecht
лáска	Wiesel	*лáска*	Zärtlichkeit
катóк	Eisbahn	*катóк*	Rolle, Dampfwalze
лайка	Husky-Hund	*лайка*	(weiches) Glacéleder
завод	Fabrik	*завод*	(aufziehbares mechan.) Uhrwerk

Das Wortpaar *запор* ("Verstopfung", träge Darmtätigkeit) und *запóр* ("Zaun", "Riegel", "Verschluss") wird noch dazu dadurch verkompliziert, dass es ein sehr ähnlich klingendes Wort namens *собóр* gibt, es bedeutet aber "Kirche" (auch "Dom", "Konzil", "Konferenz" und "Versammlung"). Mit einem *запор* (gemeint sind Verdauungsprobleme) geht man in Deutschland **auf** die Toilette, in Russland allerdings **in** die Toilette (*в туалет*).

Das mag auf den ersten Blick unwesentlich erscheinen, jedoch versteckt sich dahinter ein tieferer Sinn. Auch heute sind in den ländlichen Gegenden Russlands sehr oft die Toiletten noch im Freien, außerhalb des Wohnhauses in einem kleinen hölzernen Klohäuschen untergebracht, welches über oder um ein Loch in der Erde errichtet wurde. Der Russe geht tatsächlich **in** das Häuschen hinein (es gibt ja in dem russischen Holzklo nichts, **auf** das man gehen könnte oder auf das man sich setzen könnte). In den Städten ist man allerdings seit den letzten hundert Jahren auch dazu übergegangen, sich auf ein Klosettbecken zu begeben, so dass uns die Realität auf dem Lande nicht wirklich von Reisen nach Russland abhalten kann.

Interessant in diesem anrüchigen Zusammenhang sind die folgenden umgangssprachlichen Umschreibungen, welche allesamt den Prozess des *сходить в туалет* meinen, oder auf Deutsch, den Gang, den auch der Kaiser zu Fuß zurücklegt: *сменить воду в аквариуме; коня привязать; сходить к Виталику* oder *позвонить Ивану Ивановичу.*

Im Russischen gibt es anders als im Deutschen keine Artikel, das grammatische Genus eines Wortes wird durch die Endung bestimmt. Allgemein ist festzustellen, dass das Genus eines russischen Hauptwortes oft nicht mit dem Genus des entsprechenden deutschen Substantivs übereinstimmt. So sind alle Wörter, welche im ersten Fall auf *-а* bzw. *-ия* oder *-я* enden Feminina. Ausnahmen gibt es bei Substantiven, welche **Personen** bezeichnen wie die Maskulina *пап**а*** oder *дяд**я***. Alle auf *-е, -о, ие* oder *-ё endende Wörter* sind als Neutra (z.B. *сло́во, бельё*) klassifiziert. Die Substantive "ohne Endung" bzw. die auf Konsonanten enden (*час, берег, завод, музе́й*) sind maskulin. Soweit so gut was die klaren Fälle angeht - wenn da nicht noch die Wörter wären, die auf *-ь* (Weichheitszeichen, *мягкий знак*) enden: diese können sowohl männlichen (z.B. *рубль* -"Rubel") als auch weiblichen Geschlechts (z.B. *тетра́дь* - "Heft", *сеть* - "Netz") sein. Es gibt keine für den Ausländer allgemeingültige Regel, welche bei den vielen auf *-ь* endenden Wörtern erkennen lässt, welchem Genus sie angehören. Ich half und helfe mir im Zweifelsfall durch die Überlegung, ob es zu dem betreffenden Wort eine mir geläufige Verkleinerungsform gibt. Hat man das **Diminutivum** zu *сеть* gefunden: *сетк**а***, ist klar, das "Netz" ist im Russischen ein Femininum, gleiches gilt für das "Bett" (*кровать, кроватк**а***) etc. Bemerkenswert ist, dass sich gerade unter den Neutra eine erhebliche Anzahl von aus anderen Sprachen entlehnten Wörtern verbirgt: *акварель* (russ. Aquarell) oder *циркуль* (russ. Zirkel).

Bedeutung hat die Unterscheidung zwischen Maskulina, Feminina und Neutra nicht zuletzt für die **Deklination**, wobei es im Russischen abgesehen von besonderen Deklinationsarten (z.B. für Familiennamen) nur 3 Deklinationen gibt. Darüber geben die vielen dicken und dünnen Grammatik-Lehrbücher der russischen Sprache erschöpfend Auskunft. Interessant ist die Tatsache, dass es eine ganze Reihe undeklinierbarer Substantive gibt. Diese sind zur allgemeinen Erleichterung **unveränderlich**, es handelt sich dabei oft um Worte nichtrussischen Ursprungs, sogenannte Internationalismen wie z.B.: *кака́о* [kakao], russ. "der Kakao", *кило́* [kilo], russ. "das Kilo(gramm)", *кино́* [kinó], russ. "das Kino", *метро́* [metro], russ. "die Metro", d.h. "U-Bahn", *кофе́* [sprich: kofé], russ. "der Kaffee", *aber russ. кафе-* das Cafe, *такси́* [taksi = taxi], *меню* [menju], russ. "das Menue" ("Speisekarte"), *купе́* [kupe], russ. für "das Coupé" (am häufigsten für 4er-Abteil eines Schlafwagenzuges der Bahn verwendet) u.a. mehr.

Einige Wörter treten im Russischen ausschließlich in der Mehrzahl auf, solche Plural-Wörter sind z.B.: *джи́нсы* ("Jeans"), *консервы* ("Konserven"), *очки́* ("Brille"), *но́жницы* ("Schere"), also meist Wörter, welche einen Gegenstand bezeichnen, der aus zwei Teilen oder zwei Hälften besteht, seien es zwei Hosenbeine oder zwei Brillengläser.

Manche Worte klingen relativ ähnlich und es besteht eine latente Verwechslungsgefahr. Als ich das erste Mal in Russland einen Frisör aufsuchte und bei Anblick der etwas zu virtuos mit der Schere hantierenden Friseuse darum bat, den Schnitt nach Möglichkeit *кро́ткий* (im Sinne von vorsichtig, sanft) zu tätigen, musste ich wohl das Wort mit *короткий* vertauscht haben. Nur ein "o" mehr, jedoch hatte ich nach kurzer Zeit dass, was in Deutschland mitunter als "Russenschnitt" bezeichnet wird: *короткий* bedeutet nichts anderes als "kurz".

Dialekte im Russischen

Anders als in Deutschland, wo es zwischen Ostfriesland und dem Bodensee eine Vielzahl von territorialen Dialekten gibt, spielen die sog. klassischen Dialekte im heutigen Russland keine besondere Rolle mehr. Von den 40er bis 60er Jahren des 20. Jahrhunderts wurden landesweite Untersuchungen angestrengt, welche in einem dialektologischen Atlas der russischen Sprache gipfelten[15].

Grob kann zwischen einer Gruppe nordrussischer Dialekte sowie einer südrussischen Gruppe unterschieden werden. Im Bereich der Verwischung der Unterschiede, in der Übergangszone der beiden Dialekte, ist eine als mittelrussisch bezeichnete Mundart vorhanden. Bezeichnend für die Dialektformen ist eine jeweils unterschiedliche Aussprache von *а* und *о*. Nach den Normen der Literatursprache wird z.B. das Wort *вода* ("Wasser") als [w*a*da] ausgesprochen, in den Dialekten finden sich verschiedene Varianten wie z.B.: [w*y*da] oder [w*e*da].

Das Wort *погода* wird im Russischen allgemein für *Wetter* gebraucht, durch entsprechende Adjektive (*хорошая п., плохая п.*) kann das Wetter näher als gut oder schlecht bestimmt werden. Bei Sprechern aus den nördlichen Regionen existiert ein sinnentsprechendes Wortpaar: *вёдро* [wjidro] für *хорошая погода* und einfach *погода* als Bezeichnung für "Schlechtwetter". Im südrussischen Sprachraum ist es genau umgekehrt (was mit dem wärmeren Klima zusammenhängen mag): *погода* ist das Schönwetter und *непогода* bezeichnet (logischerweise) schlechtes Wetter. Im südrussischen Dialekt existiert zusätzlich das Wort *невзгода* für Schlechtwetter.

Im nord- und südrussischen Sprachraum werden teilweise unterschiedliche Wörter für ein- und dasselbe Wort verwendet, z.B. für das Verb "verschmähen" (*брезговать, брезгать* - nordrussisch und *гребовать* - südrussisch). Der "Fluss", *река*, wird manchmal auch als *рка* oder *ряка* bezeichnet. Anstelle des Wortes *красивый* ("schön") begegnet man bei Sprechern aus dem nördlichen Russland gelegentlich dem Wort *баской*.

Zusätzlich zu den genannten Unterschieden zwischen nord- und südrussischen Gebieten gibt es noch lokale Besonderheiten innerhalb eines Dialektes, besonders im ländlich-dörflichen Gebiet: gestrickte Fausthandschuhe für den Winter werden in der Literatursprache als (*вязаные*) *варежки* bezeichnet; der dialektologische Atlas verzeichnet als sprachliche Variante für das Gebiet Smolensk, Kaluga und Kursk z.B. das Wort *вязёнки* [wjazjonki] und für Nowgorod und Pskow *дянки*, im Norden ist teilweise auch das Wort *шубенки* in Gebrauch, während ich in Sibirien den *перчатки* oder *руковицы* begegnete. Das Wohnhaus im ländlich-dörflichen Gebiet hat in verschiedenen Regionen unterschiedliche Bezeichnungen, die von *дом* und *изба* bis *хата* und *хоромы* über *курень* reichen.

Auch viele landwirtschaftliche Erzeugnisse, Obst- und Gemüsearten haben hier und da ihre lokale Bezeichnung wie z.B. der Kürbis (*тыква*) - *тебека*, die Möhre (*морковь*) - *боркан* oder die Zuckerrübe (*свекла*) - *бурак* bzw. die Kohlrübe (*брюква*) - *букла, бушма, бухма, калика, грухва* oder auch *немка*. Auch ein und dieselbe Beerenart hat mitunter verschiedene Benennungen: die Preiselbeere wird in der Gegend zwischen Kaluga, Kursk und Tambow als *брусника* [brusnika] bezeichnet, so wie es auch in den Wörterbüchern aufgeführt ist; im Norden des europäischen Russlands nennen die Bewohner sie auch *брусница*, bei Kostroma oder Wologa hat sie den Namen *брусёнка*, weiter östlich bei Nizhnij Nowgorod *бруснига*. Gemeinsam haben alle Bezeichnungen, dass man sie in einem üblichen russisch-deutschen Standard-Wörterbuch nicht finden wird.

In bestimmten nördlichen Regionen, vor allem in den nordöstlich von St. Peterburg gelegenen ländlichen Gebieten, ist folgende Besonderheit anzutreffen: Es wird von vielen Sprechern nicht zwischen den Buchstaben *ц* und *ч* unterschieden. Das Wort *Kerze* zum Beispiel wird in bestimmten Regionen im Allgemeinen als *свеца* (anstelle *свеча*) ausgesprochen. Weitere Wortbeispiele sind z.B.: *овца / овча, лицо / личо*. Dieser Vorgang der Nichtunterscheidung der beiden Zischlaute wird im Russischen als *цоканье* (wörtlich etwa: "schnalzen", "trappeln") bezeichnet. Die Historiker führen als möglichen Grund dafür das im Altertum örtlich sehr nahe Zusammenleben von finno-ugrischen Stämmen mit der russischen Bevölkerung im Norden Russlands an. In der Sprache der finno-ugrischen Stämme wurde der Lautwert von Buchstaben, welcher dem russischen *ц* und *ч* ähnelte, nicht weiter unterschieden. Diese "Ungenauigkeit" wurde später - auch im Rahmen der Vermischung der Völker - in der Grenzregion zwischen dem Siedlungsgebiet der Finnen und Russen in die lokalen Dialekte des Russischen übernommen. Das allgemeine Sprachverständnis wurde dadurch nicht wesentlich beeinträchtigt, da es nur eine begrenzte Anzahl von Wörtern unterschiedlicher Bedeutung gibt, die sich lediglich durch einen Buchstaben unterscheiden.

In Sibirien sollen die Dialekte überwiegend denen des nordrussischen Raumes ähneln, da die Besitzergreifung Sibiriens in erster Linie vom Norden des russischen Reiches ausging. Es gibt aber Wörter, die in Sibirien zum aktiven Wortschatz gehören, die aber im europäischen Teil von Russland nicht bekannt sind, z.B.: *валенки* [walenki], *пимы* [pimji] = Filzstiefel; *вехотка* [wechotka] - Waschlappen.

Im Westen Russlands finden sich sprachliche Elemente, welche als Übergangsformen zur weißrussischen Sprache gelten. Im Grenzgebiet zu Weißrussland und in Weißrussland selbst existiert eine russisch-weißrussische Mischsprache, die *трасянка* (sinngemäß "Viehfutter") genannt wird. Auch im Übergangsgebiet zum ukrainischen Sprachraum gibt es einen russisch-ukrainischen Übergangsdialekt.

Neben der Literatursprache sollten die eine Ebene tiefer stehenden Sprachstandards der *разговорная речь* und des *просторечие* nicht unerwähnt bleiben. Die *разговорная речь* kann als allgemeine Umgangssprache bezeichnet werden. Bezeichnend für diesen Sprachstandard sind Reduktionen und Verkürzungen im alltäglichen Leben häufig gebrauchter Wörter, wie z.B.: [*щас*] für *сейчас* (jetzt) oder auch [*тыща*] für das Zahlwort *тысяча* (eintausend). Grobe, gewaltbeladene Wörter und Begriffe gibt es hier praktisch keine. Das *просторечие* wird von den Sprachwissenschaftlern jedoch als eine Art Substandard angesehen, dessen Gebrauch im Allgemeinen den Personen zugeschrieben wird, denen die Normen der Literatursprache nicht eigen sind.

Den Begriff des *просторечие* (russisch *просто* = *einfach, schlicht, gemein*) kann man als Gemein- bzw. Volkssprache bezeichnen. Es unterscheidet sich auch von den Dialekten, welche die Bewohner dörflich-ländlicher Gebiete sprechen, es ist nicht an die Dörfer gebunden und weist im Gegensatz zu den Dialekten kein typisch lokal territorial begrenztes Vorkommen auf. Im Vergleich zu den Dialekten oder zur Literatursprache gibt es keine definierten Regeln. Das *просторечие* beinhaltet eine gewisse Anzahl von Besonderheiten auf dem Gebiet des Wortschatzes, der Aussprache und Betonung sowie des Satzbaus. Typische Beispiele sind Ungenauigkeiten wie z.B.: *Какой вкусный яблок!* (anstelle *какое вкусное яблоко* - "Welch schmackhafter Apfel") oder Wortneubildungen wie *вчерась* (für *вчера*, gestern). Zusätzlich erscheint es angereichert mit so manchen Wörtern groben Einschlages (z.B. *морда* = grobe Bezeichnung im *просторечие* für *Gesicht*, Antlitz; wörtlich *Schnauze* oder auch neu konstruierten Verben, wie z.B.: *наклюкаться* = als Kurzform verwendet für *напиться пьяным* im Sinne von *sich vollsaufen*, in einen stark alkoholisierten Zustand versetzen oder z.B.: *отлупить* [otlupitj] = für *сильно избить* im Sinne von jemanden mit voller Kraft *niederschlagen*).

Diese Wörter findet man nicht in handelsüblichen Wörterbüchern, sie sind in Slang-Wörterbüchern verzeichnet und mit dem Vermerk *прост.* gekennzeichnet. In der zivilisierten Sprache finden sie keine praktische Anwendung - vielleicht mit Ausnahme der gelegentlichen Benutzung als künstlerisch-stilistisches Element in Theater oder Literatur (siehe z.B. im Stück *"Москва - Петушки"* ("Moskva-Petuschki") von Wenedikt Jerofejew).

Neben dem *просторечие* haben noch andere sprachliche Standards bestimmter sozialer Schichten Bedeutung. Am bedeutendsten ist sicher der sogenannte *лагерный жаргон*, eine Sondersprache, welche sich bei den Strafgefangenen der Gefängnisse und des Gulag herausbildete. Es gab noch weitere soziale Dialekte, wie z.B. den *воровской жаргон* - eine unter Kriminellen angewandte Sprache (wörtliche deutsche Bedeutung im Sinne von "Räuberjargon" oder "Räuber-Latein").

Auch bestimmte Berufsgruppen hatten bzw. haben ihren eigenen Slang. Die *феня* [fenja] als alte Sprache der Kaufleute und Händler (im Deutschen sinngemäß mit "Rotwelsch" wiedergegeben) hat heute keine Bedeutung mehr. Entsprechende Jargons mit Bezug zu Berufen gibt es z.B. bei Militärangehörigen (Marine, Flugwesen usw.).

Weit verbreitet in niedrigen sozialen Schichten ist der sog. *русский мат*, eine Fluchsprache, welche lediglich aus einer Handvoll obszön-grober Wörter und davon gebildeter Schimpfwörter und Ableitungen zu bestehen scheint.[16]

Der "Grüne Drache" (зеленый змий)

ist in Russland ein Synonym für Alkoholsucht und Trunkenheit. Doch Alkoholmissbrauch war in Russland nicht schon von Anfang an, seit der Erfindung der ersten alkoholischen Getränke, ein generelles Problem. Die historisch älteren alkoholischen Getränke wie *квас*, *медовуха* oder *брáга*[17] gingen zwar parallel zur Verbreitung der Brennverfahren für höherprozentige alkoholische Getränke (*водка*) zurück, behielten aber lange Zeit ihre Bedeutung. Der in Russland gebrannte *водка* (abgeleitet von *вода*, russ. "Wässerchen") wird meist auf Getreidebasis hergestellt. Auf den Etiketten liest man oft, dass der Alkoholgehalt (*крепость*) "nicht weniger" als 40 % beträgt, bei einigen Sorten liegt er bei 45 %. Zu einem "echten" Problem avancierte der Alkoholismus wohl erst an der Schwelle vom 19. zum 20. Jahrhundert. Der Schriftsteller Wenedikt Jerofejew darf an dieser Stelle zu Wort kommen: "Alle ehrbaren und berühmten Menschen Russlands haben gesoffen wie die Löcher, verzweifelt gesoffen. Warum? Weil sie das schwere Schicksal ihres Volkes nicht lindern konnten. Die Sozialdemokraten tranken und schrieben. Die Bauern tranken auch, aber sie lasen nicht eine Seite und mit der Unwissenheit wuchs die Verelendung. Habt ihr Marx gelesen? Die universelle Verelendung! Mit anderen Worten: Es wurde immer mehr gesoffen. Und entsprechend wuchs die Verzweiflung der Sozialdemokraten. Das ganze denkende Russland trauerte um die Lage der Bauern und soff ohne aufzuwachen." Wenedikt Jerofejew starb viel zu früh (an den Folgen seiner Alkoholkrankheit) und hinterließ eine Anzahl moderner Stücke, neben *Moskva - Petushki* ist *Walpurgisnacht* zu nennen.

Besonders nach der Revolution von 1917, während des Bürgerkrieges und des 2.Weltkrieges "gewöhnte" man die Soldaten an Alkohol: vor jedem Kampf wurden *сто грамм водки* ausgeteilt, um den Mut der Kämpfer zu fördern. Außerdem waren Nahrungsmittel knapp und der Kaloriengehalt von Alkohol liegt bekanntlich höher als der Energiegehalt von Brot und anderen Kohlenhydraten. Hinzu kam nach der Revolution der Verlust der Kirche, die Alkoholismus natürlich als Sünde ansah.

Nach Kriegsende hatte der Alkohol offenbar auch die Funktion, die Volksmassen zu "besänftigen". Brot, Fleisch, Wodka, - bereits auf hoher Ebene wurde entschieden, wie viele Portionen Wodka zum Beispiel in jeder *столовая* ("Kantine", "Speisehalle") pro Tonne Fleisch oder Brot an den Mann gebracht werden mussten. Zitat aus einer Fernsehdokumentation über Alkoholismus in Russland:

"Seit 70 Jahren, seit die Kommunisten an der Macht sind, haben sie uns systematisch besoffen gemacht, schon unser «geliebter» Führer Stalin sagte: Gebt dem Volk zu saufen!"

Die Wodkapreise wurden stets staatlich subventioniert und waren erschwinglich. Auch der vom Ansatz her begrüßenswerte Versuch Gorbatschows, mittels eines strikten Alkoholverbotes (*сухой закон*) und starker Reglementierungen das Problem zu lösen, musste aufgrund dessen fehlschlagen. Die Leute begannen vermehrt selbst Alkohol aus Zucker zu brennen (*самогонка*), die Folge: enorme Zuckerknappheit im ganzen Lande. Auch die Zuteilung, z.B. drei Flaschen für eine Hochzeitsfeier, förderte diesen Vorgang. Es traten jetzt viel mehr Vergiftungen und Erblindungen durch verunreinigten Alkohol oder technischen Spiritus auf als früher. Das *бизнес* [biznes], russ. für "Business" (aus dem Englischen, "Geschäft"), mit Alkoholika blühte.

Parallel zum Alkohol entwickelten sich in der Gesellschaft eine Vielzahl von Synonymen und umgangssprachliche Beschreibungen bis hin zu einem für Nichtrussen unverständlichen Alkohol-Jargon der Straße, dessen Bedeutungen oft etwas kryptisch sind. Während mit *алкаш* eine alkoholabhängige Person beschrieben wird, bedeutet *алик = пьяный* ("betrunken"). Mit *банка* (Banka meint eigentlich wörtlich: das "Glas", "Büchse" bzw. nautisch: "Sandbank") ist die Menge von *один литр водки* gemeint, ein Quantum welches für zehn Mal *сто грамм* (100 Gramm, die Menge, die in ein "normales" Wodkaglas passt) reicht. Mit "normal" sind weder die kleinen Wodkagläschen (*стопочка*) noch ein *рюмочка* (kleines Likör- bzw. Wodkagläschen) gemeint, sondern ein gläserner Becher, der "nicht weniger" als 100 Milliliter fasst. Das Glas wird natürlich auf "ex" getrunken, es erregt schon gehöriges Kopfschütteln, wenn das Glas nur halb geleert wird, das ist bestenfalls Frauen erlaubt.

Dem Russen Vitalij Kritshewskij war bereits Anfang der 90er Jahre kurz nach der breiten Öffnung des Landes für ausländische Touristen folgendes aufgefallen: *Каждый иностранец считает своим долгом поговорить с русским о водке...* (sinngemäße Übersetzung: "Jeder Ausländer hielt es für seine Pflicht, mit den Russen vor allem über das Thema "Wodka" zu sprechen ...") - in der Folge verfasste er für die Ausländer eine lexikografische Sammlung der Wörter der Trinkkultur (*питейный фольклор*). Er sammelte von 1991 bis 1999 insgesamt 3.828 Wörter und sprachliche Wendungen im Zusammenhang mit dem Trinken und publizierte selbige Sammlung in einem Wörterbuch namens *Водка от а до я* ("Wodka von A - Z"), wofür er in das Guinness-Buch der

Rekorde aufgenommen wurde, da er den bisherigen Rekordhalter, den amerikanischen Sprachwissenschaftler P. Dikson, weit übertroffen hatte. Kritshewskij fand ebenfalls heraus, dass es in allen Berufen eine entsprechende besondere sprachliche Bezeichnung für das Trinken gibt: *Сантехник пьёт так, что трубы горят* ... ("Der Klempner trinkt so viel, bis die Rohre 'glühen'".); *Рыбак пьёт не просыхая.* ("Der Fischer trinkt ohne trocken zu werden.") u.a.

Wer mindestens ein Mal in Russland war und etwas Land und Leute kennen gelernt hat, dem ist auch die folgende Geste nicht entgangen: Das mit einem schnalzend-knipsendem Geräusch durchgeführte mehrfache Fingerschnipsen an der seitlichen Halsregion heißt nichts anderes als die Konsumierung alkoholischer Getränke. Diese Geste kann im Gespräch über eine nichtanwesende dritte Person auch "ohne Worte" andeuten, dass der oder die Betreffende dem Alkohol zuspricht oder verfallen ist. Sie kann aber auch eine nonverbale Einladung zu einem "Umtrunk" darstellen. Der Umtrunk hat mehrere Bezeichnungen. wie z.B. *выпивка* (ein kleineres "Trinkgelage") oder *кутёж* bzw. *пьянка*, ein "richtiges Saufgelage". Ein *пьющий* ist nicht besser als ein *пьяница*, beide Worte bedeuten das Gleiche wie *пьянчу́га* = sinngemäß "Trinker" oder "Trunkenbold".

Die Reichhaltigkeit der Sprache zeigt sich nicht zuletzt auch darin, dass das "Trinken" alkoholischer Getränke ebenfalls in mehreren Formen auftritt: man spricht vom *выпива́ть*, was ganz offiziell für "austrinken" (Glas, Tasse etc.) angewandt wird, volkstümlich jedoch (fast etwas verharmlosend) "hin und wieder einen zu sich nehmen" bedeutet, letztendlich aber doch "sich betrinken" meint. Mit *выдува́ть* (eigentlich = "ausblasen", "herausblasen") kann auch im vulgären Sinne "aussaufen" in der Bedeutung von eine Flasche leeren gemeint sein, wobei *пьянствовать* wohl nicht weniger vulgär ist. Das Verb *кути́ть* bedeutet "zechen", "prassen" und lässt ebenso wie das Wort *распива́ть* (gemeinsam aus- bzw. leer trinken) einen kollektiven Charakter erkennen.

Die umgangssprachliche Wendung *Он уже сидит неделями на рюмке* (wörtlich: "Er sitzt schon wochenlang auf dem Schnapsglas.") meint, dass jemand schon lange Zeit "an der Flasche hängt" und vom Alkohol nicht loskommt. Der Ausspruch *Он пьёт без просыпа!* bedeutet sinngemäß, dass jemand dauernd trinkt ohne wieder richtig zu sich zu kommen bzw. "wach zu werden".

In diesem Zusammenhang am Rande ein russischer Witz zum Thema: *Пьянка по-русски* (Trinkgelage auf russische Art):

A: *Что такое пьянка по-русски?*
B: *Это ящик водки, ящик пива, колбаса ... и собака.*
À: *А собака зачем??*
Â: *Должен же кто-то колбасу кушать ...*

A: Was bedeutet es "Trinkgelage auf russische Art"?
B: Das ist ein Kasten Wodka, ein Kasten Bier, (etwas) Wurst … und ein Hund.
A: Aber wozu ein Hund??
B: Na einer muss doch die Wurst essen …

Die Russen sind durch ihre Gastfreundschaft bekannt, Trinksprüche (*тост*) sind selbstverständlich üblich, es wird auf die Gesundheit, die Gäste, das Treffen, die Frauen, die Liebe, etc. angestoßen. Nach einigen Runden wird man als Gast ebenfalls gebeten, einen *тост* auszusprechen, den man gegebenenfalls schon parat haben sollte. Man kann die Kochkunst der Hausfrau loben und darauf einen Toast ausbringen. Auch Geschäfts- oder Vertragsabschlüsse werden in der Regel mit dem einen oder anderen Gläschen bekräftigt. Das "kultivierte Trinken" ist in vielen Lebensbereichen zu Hause, egal ob bei Fabrikarbeitern, Offizieren der Armee, Bauern, Wissenschaftlern, Managern, Intellektuellen, etc. - "König Alkohol" regiert - die Übergänge zur Alkoholsucht sind zum Teil fließend. Im Gespräch mit den Menschen stellt sich oft heraus, dass "Dieses Leben nur noch im Suff zu ertragen ist!".

Nur selten wird eine bei einem Besuch oder als Gastgeschenk mitgebrachte Flasche Wein (*вино*), Sekt (*игрúстое вино, шампáнское*) oder Höherprozentigeres in das Regal gestellt, die Flasche wird häufig desto eher geköpft, je ausländischer das Etikett oder je hochprozentiger der Inhalt ist. Als ich einmal beim Besuch einer Freundin in Leningrad für deren Großvater eine Flasche Stroh-Rum (80 %) aus Österreich mitbrachte, wurde die Flasche vom Großvater innerhalb kurzer Zeit der Prozentangabe wegen als würdig und geeignet befunden, um gleich davon zu probieren. Noch ehe ich nach Worten ringend zu erklären versuchte, dass die Flasche bestimmt für die Neujahr besser geeignet wäre, war durch den gestrengen Großvater, einen ehemaligen U-Boot-Offizier der Nordmeerflotte, schon zwei Mal *сто грамм* ausgeteilt worden, wohl um meine Trinkfestigkeit zu testen. Seit jenem Samstagabend habe ich mir abgewöhnt in Russland zu viele "hochgeistige" Getränke als Gastgeschenk mitzubringen.

Mit dem Kauf von Sekt ist es vielerorts allerdings auch heute noch schwierig, die passende Sorte zu finden. Während man in teuren Geschäften mitunter auch trockenen Sekt (*сухое ш.*) aus Spanien oder Italien findet, wird man auf den Märkten kaum fündig, oft sind nur halbtrockene, halbsüße oder süße (*сладкое шампáнское*) Sekt- oder Perlweinsorten vorrätig.

Abgesehen von den traditionellen Weinanbaugebieten im Süden Russlands oder in Moldawien bzw. im Kaukasus, gibt es im übrigen Russland vielerorts keine richtige "Weinkultur" mehr. Einerseits ist guter Wein seit der Abtrennung der kaukasischen Republiken und Moldawiens Mangelware bzw. für viele nicht erschwinglich, die kleinen Anbaugebiete im Süden Russlands können das Riesenland nicht versorgen. Andererseits macht das Klima im restlichen Russland natürlich einen Weinanbau unmöglich.

Noch ein Wort ist in diesem Zusammenhang wichtig. Wenn nach einem langen abendlichen *кутёж* ("Trinkgelage", "Zecherei") das Fehlen einer oder mehrerer Personen festgestellt wird, und alle Nachforschungen nicht geholfen haben, frage man beim nächsten Polizeirevier nach dem nächsten *вытрезвúтель*, der Ausnüchterungsanstalt (russ. *протрезвлять* = "wieder nüchtern werden").

Zu guter letzt eine russische Volksweisheit: *Что у трéзвого на умé, то у пьяного на языкé.* (sg. "Was der Nüchterne nur denkt, spricht der Volltrunkene aus.")

Der Alkoholismus ist ein riesiges Problem in Russland und gleichzeitig Resultat und Ausdruck verschiedener sozialer Missstände. Überwiegend durch die seit dem Ende der Sowjetunion offensichtlichen Einbußen des Gesundheits- und Sozialsystems, aber auch durch den zunehmenden Alkoholmissbrauch (und die damit verbundenen Straftaten (Verkehrsdelikte bis hin zum Mord und Totschlag "im Suff")) oder Unfälle (Ertrinken im betrunkenen Zustand beim Baden oder Erfrieren Alkoholisierter in der kalten Jahreszeit) ist die Lebenserwartung für Männer in Russland auf erschreckend niedrige 58 Jahre (!) gefallen - bei Frauen sind es immerhin noch 72 Jahre. Ganz besonders schlimm sind die "Völker des Nordens" (z.B. Tschuktschen, Kojarken, Chanten und Mansen, Ewenken) in Russland betroffen. In bestimmten Regionen drohen ganze Völker aufgrund des Alkoholismus auszusterben, die mittlere männliche Lebenserwartung lag gegen Ende der 1990er Jahre mancherorts nur bei 49 bis 50 Jahren. Es wird alles getrunken, was Alkohol beinhaltet: Rasierwasser, Insektenvernichtungsmittel, azetonhaltige Lösungsmittel, technischer Spiritus ...

Auch bei Kindern und Jugendlichen wird Alkoholgebrauch der schlechten sozialen Verhältnisse und Perspektivlosigkeit wegen immer häufiger - eines der traurigsten Kapitel der russischen Geschichte überhaupt.

Russischer Humor

Im Gespräch mit Russen stellt sich nach einiger Zeit heraus, dass die Deutschen nicht selten "Schwierigkeiten" mit dem Verständnis des russischen Humors haben. Die Pointe des Witzes wird nicht immer verstanden oder die Deutschen lachen an einer ganz anderen Stelle. Das geht mir auch heute ab und zu noch so. Manchmal ist der russische Witz schon längst zu Ende, und da ich meine, mein Gegenüber habe nur eine stilistische Erzählpause eingelegt, frage ich nach einigen Sekunden wie es weitergeht - am lauthals losbrechenden Lachen des Gesprächspartners kann ich dann unschwer feststellen, dass ich wieder einen russischen Witz nicht verstanden habe.

Nebenbei bemerkt ist es auch für Russen nicht ohne weiteres möglich, hinter den Sinn deutscher Kalauer zu kommen. Es handelt sich hierbei um ein generelles Problem aller Sprachen, da man Witze, die z.B. auf Wort- oder Buchstabenspielereien (siehe im Deutschen: Was isst er? Was ist er?) abzielen, nicht 1:1 in die andere Sprache übersetzen kann.

Der russischen Sprache wird unter anderem ein erhöhter Schwierigkeitsgrad beim Verständnis durch Ausländer zugeschrieben, weil viele Wortbedeutungen in Form verschiedener Schattierungen auftreten können. Nicht umsonst wird als eines der Kriterien für die Beherrschung der Sprache die Fähigkeit angesehen, Humor in der Form von Wortspielereien zu verstehen, wie z.B. folgendes Beispiel zeigt, für das Marschall Kutusov herhalten muss:

Говорят, что у Кутузова не было одного глаза;
Неправда, у Кутузова был один глаз.

A: Es wird gesagt, dass Marschall Kutusov nicht ein einziges Auge hatte (wörtlich: … ein einziges Auge nicht hatte).

B: Das ist nicht richtig, Kutusov hatte ein Auge.

Marschall Fürst Kutusov (1745 bis 1813) spielte eine große Rolle bei dem Befreiungskrieg gegen Napoleon. Es ist überliefert, dass er auf einem Auge blind war, worauf das Wortspiel Bezug nimmt.

Manche Witze sind für Deutsche einfach rein akustisch nicht verständlich, weil vielleicht das eine Wort, welches den Aha-Effekt im Witz ausmacht, undeutlich gesprochen wird - oder sie können den Text und die Pointe nicht erfassen, weil hier und da ein Wort vorkommt, was ihnen nicht bekannt ist. Oft genug wird der Sinn des Witzes oder der russischen Anekdote vollständig verstanden, zum Lachen kommt es aber nicht, weil bestimmte landestypische Zusammenhänge nicht bekannt sind. Auch die unterschiedliche Mentalität spielt dabei eine große Rolle.

Der folgende "Witz" ist ohne weiteres verständlich, auch bei einer Übersetzung des Textes in das Deutsche gibt es keinerlei Probleme: Ein Mann ist im Halbdunkel mit Angel, Fischeimer und Axt zum Fischen aufgebrochen, er macht sich an die mühevolle Arbeit, in die Eisschicht mit der Axt ein Loch zu hacken. Das Eis ist heute besonders hart, zu allem Überdruss hört er auch noch eine Stimme aus dem Halbdunkel, welche laut schallend verkündet, dass es hier keinen Fisch gibt! "Wer spricht dort? ", fragt der Mann. Die Antwort, welche er prompt erhält lautet: "Der Direktor der Eislaufbahn. "

Anders bei dem folgenden Beispiel mit dem Geschäft. Witze zielen oft auf gesellschaftliche oder politische Missstände ab. Dadurch sind sie an eine bestimmte Zeit gebunden. So wirken Witze mit gesellschaftskritischem Hintergrund aus den 70er oder 80er Jahren heute nicht mehr und jüngeren Leuten (auch russischen), die diese Zeit nicht bewusst miterlebt haben, erschließt sich der Kern des Erzählten nur durch zusätzliche Erklärungen. Als Beispiel einen russischen Witz vom Anfang der 90er Jahre:

A: *У Вас мяса нет?*
B: *У нас нет рыбы! Мяса нет в магазине за углом.*

Kurze Erklärung: In Russland, vor allem in größeren Städten, waren Fachgeschäfte üblich: Fleisch- und Fischgeschäft; Milchprodukte, Brot- und Backwarengeschäft etc., die Pointe in dem Witz besteht darin, dass aufgrund der Lebensmittelknappheit Anfang der 90er Jahre (es gab damals noch keine privaten Geschäfte, sondern nur staatliche; viele Produkte wie z.B. Zucker, Öl, Wodka (Lebensmittel werden als *продукты* bezeichnet) waren nur mit Bezugsscheinen, Talons, erhältlich) die Regale in dem Geschäft so leer waren, dass nicht einmal erkennbar war, ob Fleisch oder Fisch oder was sonst der Hauptverkaufsartikel des Ladens ist: "Sie haben kein Fleisch? Nein, wir haben keinen Fisch! Kein Fleisch gibt's im Geschäft an der Ecke. "

Eine Spezifität des russischen Humors sind die Witze mit oder über die Tschuktschen[19], welche in etwa mit den deutschen Ostfriesen-Witzen verglichen werden können. Jedes Land hat seine "Ostfriesen", könnte man meinen. Manche der Witze sind hart am Rande der Diskriminierung, wieder andere ziemlich lustig und karikieren bestimmte Lebenssituationen, welche die Konfrontation zwischen den archaisch lebendem Volk und bestimmten Neuerungen unserer Zeit bestimmen. Ein Beispiel mag das verdeutlichen:

Ein Tschuktsche ist nach Wladiwostok gereist, will mit dem Zug nach Moskau fahren. Die Fahrkarte hat er schon gekauft, bald darauf sieht man ihn auf dem Bahnsteig den bereitgestellten Zug von Waggon zu Waggon abgehen, wobei er jeden Waggon an der Außenfläche mehrfach mit der Faust schlägt. Auf die Frage eines Schaffners nach dem Grund dieses Verhaltens antwortet der Tschuktsche, dass er nur den *мягкий вагóн*[20] suche, da er eine Fahrkarte für die erste Klasse habe.

Aber auch andere Bevölkerungsgruppen werden "aufs Korn genommen": Speck verzehrende Ukrainer (*хохлы*) oder mit Geld um sich werfende "Neue Russen".

Lachhafte Situationen entstehen oft im Gespräch zwischen Deutschen und Russen, wenn einer der beiden ein Wort benutzt, das umgangssprachlich im Sinne mehrerer Bedeutungen angewandt werden kann. Ein russischer Patient, den wir in der Klinik vor längerer Zeit wegen Blutdruckproblemen behandelt hatten, rief mich während der Arbeit an. Ich erinnerte mich an seinen Namen und dass er kein einziges Wort Deutsch sprach. Auf die Frage nach seinen Beschwerden erhielt ich die Antwort, dass er bereits seit zwei Tagen große Probleme mit dem Motor habe, "der Motor laufe nicht richtig", der Mann fragte, was ich "dagegen empfehlen könne?" Zunächst war ich etwas sprachlos - was sich manche Leute so denken ..., für die Probleme mit seinem Auto bzw. Motor sind wir natürlich nicht zuständig. Letztendlich riet ich dem nicht so einfach zufrieden zu stellenden Anrufer, doch den Pannendienst des ADAC oder eine Kfz-Werkstatt zu Rate zu ziehen. Nach einigen weiteren Sätzen klärte sich aber alles vollständig auf: Mit "Motorproblemen" meinte der Russe eigentlich Herzbeschwerden, "Motor" verwandte er im Gespräch synonym für "Pumpe" oder "Herz" ... Der Fall konnte dann medizinisch auch ohne den ADAC gelöst werden.

Ein Thema für sich sind die russischen Anekdoten, komisch-seltsame Geschichtchen, die ganze Bände füllen könnten. In den Anekdoten wird der russische Mann oft verallgemeinernd als dümmlich, einfach strukturiert, schwach (aber trinkfreudig) - und die Frau als dominant dargestellt:

Поймал муж любовника и избивает его. Жена в отчаянии говорит: "Что ж ты делаешь, это же отец твоих детей!"

Kurze Erläuterung: Der Ehemann erwischte den Geliebten und seine Frau und begann den fremden Mann zu verprügeln. Die Frau rief: "He, was tust Du, Du schlägst den Vater Deiner Kinder!"

Insgesamt würde es den Rahmen dieser Broschüre sprengen, ausführlich über das Verhältnis zwischen Russen und Deutschen zu schreiben. Die Thematik ist sehr komplex, gab es doch einmal abgesehen von den letzten beiden Weltkriegen auch schon in den Jahrhunderten zuvor viele historische Schnittpunkte - positiven, wie auch negativen Charakters - zwischen Deutschland und Russland. Das Verhältnis zwischen zwei Nationen ist natürlich beim Beschäftigen mit der jeweils anderen Sprache wichtig. Wenn man sich erstmals nach Russland begibt oder auf andere Art und Weise mit Russen in Kontakt kommt, sei es beruflich oder privat, fragt sich mancher, wie die Russen wohl über die Deutschen und Deutschland denken, welches "Bild" vom Deutschen oder Deutschland in Russland in den Vorstellungen der Menschen und den Massenmedien existiert. Diese Überlegungen sind sicherlich sinnvoll, trifft man doch in Russland mancherorts noch auf vorgebildete Stereotypen über die Deutschen und historisch bedingte Meinungen über das "Deutschtum".

Die Vorstellungen bzw. Meinungen unterscheiden sich sehr stark, wenn man mit Russen ins Gespräch kommt, die Deutschland nur aus dem Fernsehen oder der russischen Boulevardpresse oder vom Hörensagen zu kennen glauben oder wenn wir mit Menschen sprechen, welche vielleicht bereits einmal in Deutschland zu Gast waren, hier Verwandte besuchten oder ein Semester studierten oder Deutsche in Russland kennen lernten. Ein ganz anderes Bild erhalten wir z.B. von Spätaussiedlern, welche Russland verlassen haben und seit längerer Zeit in Deutschland wohnen. Eine interessante Übersicht über diese Thematik verfasste die in Deutschland lebende russische Autorin Julia Wosnessenskaja[21], wobei das bereits 1991 erschienene informative Taschenbuch sicher hilft, Berührungsängste abzubauen, leider aber nur im westlichen Teil Deutschlands lebende Russen interviewt wurden, so dass manche Aspekte etwas eintönig beleuchtet erscheinen.

Beim Gespräch mit Leuten in Russland, die Deutschland nicht weiter kennen, sei es in Moskau oder im tiefsten Sibirien, ist auch fast anderthalb Jahrzehnte nach der deutschen Vereinigung dieses 1990 erfolgte Ereignis ein wichtiger Gesprächsgegenstand. Sehr oft wurde ich von Fragen nach den Folgen, Vorzügen und Nachteilen der Wiedervereinigung befragt, mitunter hatten diese Fragen schon fast Verhör-Charakter. Neben vielen wissbegierigen Menschen traf ich auch immer wieder Einzelne, deren Meinung über die Art und Weise der Wiedervereinigung feststand, wobei Ansichten, wie "Gorbatschow und Schewardnadse verkauften die DDR" nicht selten zu hören waren. In den letzten Jahren bewegten die Russen mehr Fragen zum Sozialsystem in Deutschland und zur Euro-Einführung. Immer "aktuell" und an der Tagesordnung sind die bohrenden Fragen von ausreisewilligen Deutschstämmigen, die "einfach mal kurz" wissen möchten, wie viele Monate man in Deutschland mit 1.000 Dollar leben könne oder wie teuer ein Kilogramm Rindfleisch sei bzw. "wie das Leben so ist". Gelegentlich hatte ich auch den Eindruck, dass in den nach Russland gerichteten Briefen oder Anrufen der bereits nach Deutschland übersiedelten Familien manches von den tatsächlichen Problemen beschönigt und simplifiziert wird. Nicht mehr ganz so häufig wie Anfang der 90er Jahre ist die früher weit verbreitete Vorstellung vom Deutschen als Bier liebenden, Bratwurst Essenden, pedantisch-akkuraten, ordnungsfetischistischen, bedingt freundlichen, aber doch eher etwas emotionsarm-kühlen Autonarr etc. vertreten, wobei dieser vorgebildete weitschichtige Meinungskomplex in einigen Punkten sicherlich relativ genau mit der Realität in Deckung gebracht werden kann. In Gesprächen mit Menschen aus Russland über die Deutschen klingt mitunter die Schwierigkeit der Russen mit der fremden, deutschen Mentalität an, *пунктуальный* aber nicht selten nach russischer Meinung zu wenig Gespür für Genuss und impulsive Lebendigkeit im Blut.

Bevor ich mit Freunden Anfang der 90er Jahre nach Russland fuhr, bekamen wir vielerlei gut gemeinte Ratschläge von Leuten verschiedener Art mit auf den Weg. Obwohl die deutschen Kriegsgefangenen, welche in Russland zum Teil bis in die 50er Jahre hinein unter der Zwangsarbeit litten, oft nur durch bestimmte Umstände in den schweren Nachkriegsjahren und Hungerwintern überlebten, hörte ich von dieser Seite eigentlich wenig Negatives über die russischen Menschen. Das Thema des Schicksals der deutschen Kriegsgefangenen in der UdSSR war im östlichen Teil Deutschlands bis 1990 nicht gerade ein Haupttagesordnungspunkt. Das zu DDR-Zeiten vermittelte offizielle UdSSR-Bild war mir bei den Reisen bereits weniger maßgebend, da ich die "Sojus" vor 1990 nie besucht hatte und von dem ehemals buntgemalten Bild nach 1990 vor Ort oft nicht mehr als ein ideologischer Trümmerhaufen geblieben war. Von vielen Deutschen, die nie selbst in Russland waren und auch keinen direkten Bezug zu dem Land haben, wurden wir auch gewarnt, wobei in den Schilderungen noch die Tatsache am mildesten war, dass uns "dort" bereits kurze Zeit nach der Ankunft mit Sicherheit "das Hemd vom Leibe gerissen würde", ganz besonders deswegen, weil seit 1945 die Russen bekanntlich feindlich gegen alles Deutsche eingestellt seien. Es ist wahrscheinlich nicht ganz ausgeschlossen, dass man in Russland von einem Bürger nationalistischer Gesinnung mit Sprüchen dieser Machart konfrontiert wird, in der Tat haben wir nie wirkliche negative Erfahrungen dieser Art gehabt, fast überall wurden wir mit viel Gastfreundschaft und Interesse empfangen. Das Thema "Krieg" wurde öfters in lebhaften und ernsten Gesprächen diskutiert (der 23. Februar "Tag der Armee" bzw. "Tag der Vaterlandsverteidiger" ist ein russlandweit begangener Feiertag) und mehr als einmal stellte sich im Gespräch mit meinem Gegenüber heraus, dass dessen Großvater, Vater oder Bruder in Stalingrad oder bei der Schlacht am Kursker Bogen gefallen waren. Einer meiner Großväter stand damals in Stalingrad auf der anderen Seite und hatte den 2. Weltkrieg mit Verletzungen überlebt.

Eine Begebenheit in diesem Zusammenhang blieb mir von 1993 vor Beginn einer Bergtour im Altai in Erinnerung. In der Gebietshauptstadt der Republik Altai, Gorno-Altaisk, musste sich die Ankunft einiger deutscher Studenten zumindest auf der gegenüber der Busstation gelegenen Hauptstraße verbreitet haben, denn als wir etwas zögerlich eine kleine *бу́лочная* (Bäckerei) mit Ausschank betraten, rief die Verkäuferin mir schräg durch den ganzen Laden zu, dass wir "keine Schuld" hätten und uns deswegen keine Gedanken machen müssten.

Auf meine Frage hin, an was wir denn schuld oder nicht schuld seien sollten (Hatten wir etwas falsch gemacht? In unserem Visum war die Republik Altai nicht mit vermerkt, in welcher der Taschen, Brustbeutel oder Rucksäcke waren eigentlich die Pässe ...?), klärte sich die Situation rasch: Man wollte uns nur etwas lauthals verkünden, dass man mit dem Krieg nichts mehr am Hut habe und Deutsche willkommen seien, wobei sich in der Folge ein interessantes Gespräch mit den Wartenden in der Schlange an der Kasse entspann.

Sehr oft trifft man übrigens in Russland Männer, die ihren Wehrdienst im Osten Deutschlands verrichtet haben, hatte doch die russische Seite von den frühen 50er Jahren bis 1994 eine halbe Million Soldaten in der DDR stationiert.

Es besteht ein zunehmendes Interesse an Russland, nicht nur aufgrund dessen war Russland z.B. einer der Schwerpunkte der ITB 2009 und auch schon in der unmittelbaren Vergangenheit in das Rampenlicht gerückt, siehe auch die Frankfurter Buchmesse im Herbst 2003. So viele russische Titel wie in den letzten zwei Jahren wurden in zehn Jahren zuvor nicht in die deutsche Sprache übersetzt.

Eine der wichtigsten Voraussetzungen für einen Aufenthalt "in russischen Landen", der zu unvergessenen Erinnerungen führen soll, ist sicher die Beschäftigung mit der Sprache und den dort lebenden Menschen. Der Dichter Tjuttschew sagte einst über sein Land: "Russland kann man nicht begreifen, an Russland kann man nur glauben" und möglicherweise hatte er mit diesem Ausspruch nicht ganz Unrecht. Dennoch ist das Buch als kleiner "Reiseführer" für das bessere "Verstehen" der russischen Sprache, des russischen Charakters, der russischen Mentalität und Lebensart gedacht.

Wo entdecken wir Ähnlichkeiten zwischen Deutschen und Russen, wo gibt es himmelweite Unterschiede? Sicher haben mehr als nur einige der Leserinnen und Leser dieses Buches irgendwann einmal Kontakte mit Russen gehabt, teils mit guten oder auch weniger guten Erfahrungen. Vielleicht werden nach der Lektüre einige Missverständnisse - nicht nur auf der sprachlichen Ebene - klarer.

Die oft mythisch verklärte "russische Seele" ist eng mit der Heimat, dem Vaterland, der Natur verbunden - anderseits gibt es gerade in Russland große Umweltprobleme. Nur einer der Widersprüche, die sich auch nach längeren Reisen und dem Zusammenkommen mit Russen nicht vollständig klären lassen. Das Leben in Russland ist sehr stark mit Emotionen angereichert, dies ist im Kontrast mit je nach Region zum Teil niedrigen Lebensbedingungen für viele Westeuropäer mehr als nur interessant, besonders deswegen, weil in der westeuropäischen Welt die Emotionen an sich vielfach in den Hintergrund getreten sind, was durch alle noch so modernen technischen Fortschritte nicht wettgemacht werden kann. Der Emotionsmangel hier führte sicherlich dazu, dass so manch einer länger als geplant in russischen Landen verblieb und Russland auch als Ort ansieht, zu welchem man gern zurückkehren will. Ich meine aus eigener Erfahrung, dass das von reizvollen Extremen aller Couleur gesättigte Russland einen auf Dauer nicht loslässt, wenn es nur erst einmal bei einer empfänglichen Person zur "Infektion" gekommen ist, diese hat dann oft chronischen Charakter. Der Sibirien-Reisende Peter Eichenberger sagte sinngemäß: "Manchmal denke ich, die erste Reise verurteilte mich zu >lebenslänglich Sibirien< - und das gefällt mir."

Reisen in fremde Länder öffnen bekanntlich die Augen, in Russland lernt man trotz (oder gerade deswegen erst recht?) der zurzeit vorherrschenden Unverhältnismäßigkeiten, des vielerorts chaotisch Ungeregelten und der enorm klaffenden Schere zwischen Arm und Reich (eine typische Mittelschicht beginnt sich gerade erst ansatzweise auszubilden) die Tiefe slawisch-russischer Menschenwärme, ein anderes menschliches Miteinander und Gastfreundschaft kennen. Glücklich sein inmitten des Unglücks? Auf den ersten Blick noch unverstanden oder vielen Westeuropäern zumindest nicht sogleich zugänglich: Die östliche Mentalität mit ihrem Wechsel zwischen warm-fröhlichem Gemüt und Ausgelassenheit sowie andererseits Traurigkeit und Melancholie. Warum sind Sergeij Rachmaninows Klavierkonzerte von einer lyrischen Schwermut geprägt? Weswegen haben viele russische Filme alles andere als ein Happy End? Sie enden doch häufig tragisch, wer ist nach Filmen wie "Die Kraniche ziehen ..." oder Schukschins legendärer "Kalina Krasnaja" nicht auch traurig gestimmt? Es braucht längere Zeit, den wahren Sinn von Meisterwerken wie des 2003 verstorbenen Regisseurs Klimow "Abschied von Matjora" (1983) oder "Geh und sieh" (1985) zu erfassen. Die Sprache ist nur einer der Schlüssel.

Anhang empfehlenswerter Literatur

- Langenscheidt-Lektüre Band 55, "Moderne russische Erzählungen" - Mit Übersetzungshilfen und Erläuterungen, 2000, ISBN 978-3-468-44550-7
- Natalija Nossowa, "Ну что, поехали? - Russland in kleinen Geschichten", Reihe dtv zweisprachig, 2004, München, ISBN 978-3-423-09301-9, siehe auch unter 💻 www.dtv.de
- "Träume auf der oberen Pritsche" - Russische Erzählungen, Reihe dtv zweisprachig, Edition Langewiesche-Brandt, 1999, ISBN 978-3-423-09342-0
- "Последнее свидание - Letztes Wiedersehen" - Russische Erzählungen aus den Jahren 1890 bis 1930 von Isaak Babel, Mikhail Bulgakow, Maxim Gorkij, Boris Pasternak u.a., herausgegeben von N. Nossowa, Reihe dtv zweisprachig, 1999, ISBN 978-3-423-09379-8.
- Lew Tolstoj, "Поехал мужик в город. Рассказы для детей. Es fuhr ein Bauer in die Stadt - Kindergeschichten", Reihe dtv zweisprachig, enthält circa 60 Kurzgeschichten aus der Feder des Grafen Lew Tolstoj (1828-1910), der sie für die Schüler der von ihm gegründeten Dorfschule schrieb. Edition Langewiesche-Brandt, 1999, ISBN 978-3-423-09384-2
- Anna Achmatowa, "Poem ohne Held" (Poeme und Gedichte auf Russisch und Deutsch), Reclams Universal-Bibliothek, Band 795 (Leipzig, 1984)
- Tatjana Kuschtewskaja, "Die Poesie der russischen Küche" (dt.) - Kulinarische Streifzüge durch die russische Literatur mit Texten von Puschkin, Turgenjew, Bunin, Pasternak, Bulgakow, Soschtschenko, Wenedikt Jerofeijew u.a., 2005, Grupello Verlag Düsseldorf, ISBN 978-3-899778-009-3

- "Sprachführer Russich" von lonely planet, mit Wörterbuch, 2. deutsche Auflage 2009, Mairdumont-Verlag, 73760 Ostfildern, ISBN 978-3-8297-1686-4. Mit Hinweisen zur Intonation, Kapitel "Selbstversorger", "Sicher reisen" u.a.

Fußnoten

1 Zum Beispiel: A. Karlowska, R. Rauch: "Grund- und Aufbauwortschatz Russisch", E. Klett Verlag Stuttgart/Dresden, 1993, ISBN 978-3-12-519820-3. Siehe auch Anhang empfehlenswerter Literatur.

2 Dazu ein russischer Zungenbrecher als Schnellsprechübung: *Щú да кáша - пúща нáша.*

3 Siehe auch 💻 www.ikg.leinfelden-echterdingen.de/russisch

4 Siehe "*Княгиня Ольга*" in "*Ну что, поехали?*" - Russland in kleinen Geschichten, Natalija Nossowa bei Deutscher Taschenbuchverlag, dtv zweisprachig, 2004, ISBN 978-3-423-09301-9

5 Cyrill (römisch Cyrillus), * 827 in Saloniki, gestorben 869 in Rom; mit weltlichen Namen Konstantin Philosophus, da er den Lehrstuhl für Philosophie an der Hochschule von Byzanz bekleidete. Sein Bruder Method (römisch Methodius) war Bischof von Mähren und Pannonien (gest. 885).

6 W. Weressajew, "Puschkin - Sein Leben und Schaffen", Seite 191, SWA-Verlag Berlin (1947)

7 Als Dekabristen (russ. *декабристы*, abgeleitet vom russ. Wort für Dezember) wurden die Teilnehmer des 1825 stattgefundenen Aufstandes in St. Peterburg bezeichnet, welcher vom Zaren blutig niedergeschlagen wurde. Die Teilnehmer wurden überwiegend hingerichtet, Sympathisanten nach Sibirien oder unwirtliche Gebiete im europäischen Teil Russlands geschickt.

8 Serena Vitale, "Puschkins Knopf", Ein Roman über das ungelöste Rätsel von Puschkins Tod. S. Fischer, Frankfurt/M. 1997, ISBN 978-3-10091-002-8

9 Die Birke hat in Russland eine besondere Bedeutung. Sie ist der meist besungene Baum und wurde von den Lyrikern zum Wahrzeichen der russischen Natur erhoben; bereits bei den slawischen Stämmen galt die Birke als schönster Baum und als Symbol der Jugend und Keuschheit. Außerdem: Was wäre eine *баня* (*banja*, russische Sauna) ohne *вéник* (*wénik*, russisch für Rute, eine Rute aus Birkenästen)?

10 Die *Баба-Яга* verkörpert ein mythologisches Wesen in russ. (und slawischen) Märchen, tritt oft als böse Hexengestalt auf, welche im tiefen Wald in einem Haus auf Hühnerbeinen wohnt und über sagenhafte Zauberkräfte verfügt. Selten tritt sie auch als freundliche Hexe oder alte Frau auf.

11 Als *скоморóх* wurde früher im Russischen ein fahrender Spielmann oder Gaukler bezeichnet (umgangssprachliche Bezeichnung auch *балагýр*), die Hauptbedeutung als Übermittler der altrussischen Volkskultur (neben Märchen auch Musik, Tanz usw.) hatten diese Leute vom 15. bis 17. Jh.

12 H. Zöllner, "Sibirien", ReiseHandbuch, 4. überarbeitete Auflage 2007, Conrad Stein Verlag, 566 Seiten, 19 Karten, ISBN 978-3-86686-953-0

13 Zum Beispiel Ulf Diederichs "Russische Volksmärchen", dtv-Verlag, 2003, ISBN 978-3-42320-662-4

14 Textbildband "Sibirien - Naturparadies zwischen Ural und Pazifik", Bruckmann Verlag, 2003, ISBN 978-3-76544-058-8

15 Interessante dialektologische Karten und Informationen zu Dialekt und Literatursprache bietet das russische Web-Portal 💻 www.gramota.ru

16 Nähere Informationen zu dieser Thematik enthält das russische Jargon-Wörterbuch von A. Sidorow, 1992 erschienen im Hermes-Verlag Rostow am Don, ISBN 978-5-87022-015-4

17 Siehe: Wladimir Moisejew , "Russkij Mat", Eigenverlag, Leipzig, 1993.

18 *Kwas* ist ein durch Gärung hergestelltes leicht alkoholisches Getränk mit etwas säuerlichem Geschmack, ein sehr guter Durstlöscher im Sommer. Leider wurde es von Cola & Co. heute weitgehend vom Markt verdrängt. *Medowukha* wird aus vergorenem Honig hergestellt, ist entfernt dem Met ähnlich. *Braga* = eine Art Dünnbier.

19 Tschuktschen (russ. *Чукчи*, bezeichnen sich selbst als лыгъо равэтлъан), circa 15.000 Menschen zählendes Volk des Hohen Nordens, bewohnt die Halbinsel Tschukhotka (Jakutien).

20 Mit *мягкий вагóн* (wörtlich "weicher Waggon") wird ein Eisenbahnwaggon der 1. Klasse bezeichnet.

21 Julia Wosnessenskaja (Hrsg.): "Was Russen über Deutsche denken - Interviews" (Ullstein Sachbuch Nr. 34755, Übersetzung aus dem Lev Roitman Verlag München, 1988/1991, ISBN 978-3-548-34755-4)

Das kyrillische Alphabet

Buchstabe	deutscher Lautwert	russ. Benennung
А а	a	a
Б б	b	be
В в	w	we
Г г	g	ge
Д д	d	de
Е е	e oder je	e
Ё ё	jo	jo
Ж ж	sh oder j (z.B. Journal)	she
З з	z	ze
И и	i	i
Й й	meist wie j	i kratkoje
К к	k	ka
Л л	l	el
М м	m	em
Н н	n	en
О о	o	o
П п	p	pe
Р р	r	er
С с	s oder ss	es
Т т	t	te
У у	u	u
Ф ф	f	ef
Х х	ch, angehauchtes h	cha
Ц ц	ts	ze oder Tse
Ч ч	tsch	tsche
Ш ш	sch (z.B. Schnee)	schå
Щ щ	sch-tsch, wie schnell-tschüß	sch-tscha
ъ	Härtezeichen	twjordy znak
Ы ы	y oder i (z.B. Tisch)	(je'ry)
Ь	Weichheitszeichen	mjagky znak
Э э	e oder ae oder ä	e obo'rotnoje
Ю ю	ju	ju
Я я	ja	ja